科学的な適職

如何找到有幸福感的工作

［日］铃木祐（Yu Suzuki）著　周全　译

Yu Suzuki. KAGAKUTEKI NA TEKISHOKU.

Copyright © 2019 Yu Suzuki.

Simplified Chinese Translation Copyright © 2024 by China Machine Press.

Simplified Chinese translation rights in simplified characters arranged with Cross Media Publishing through Japan UNI Agency, Inc., Tokyo. This edition is authorized for sale in the Chinese mainland (excluding Hong Kong SAR, Macao SAR and Taiwan).

No part of this book may be reproduced or transmitted in any form or by any means, electronic or mechanical, including photocopying, recording or any information storage and retrieval system, without permission, in writing, from the publisher.

All rights reserved.

本书中文简体字版由 Cross Media Publishing 通过 Japan UNI Agency 授权机械工业出版社在中华人民共和国境内（不包括香港、澳门特别行政区及台湾地区）独家出版发行。未经出版者书面许可，不得以任何方式抄袭、复制或节录本书中的任何部分。

北京市版权局著作权合同登记　图字：01-2023-2686号。

图书在版编目（CIP）数据

如何找到有幸福感的工作 /（日）铃木祐著；周全译 . -- 北京：机械工业出版社，2024. 8. -- ISBN 978-7-111-76284-3

I. C913.2-49

中国国家版本馆 CIP 数据核字第 2024ZC9926 号

机械工业出版社（北京市百万庄大街22号　邮政编码100037）

策划编辑：朱婧琬　　　　　　　　责任编辑：朱婧琬

责任校对：孙明慧　马荣华　景　飞　责任印制：张　博

北京联兴盛业印刷股份有限公司印刷

2024年11月第1版第1次印刷

147mm×210mm · 6.875印张 · 1插页 · 119千字

标准书号：ISBN 978-7-111-76284-3

定价：59.00元

电话服务　　　　　　　　　网络服务

客服电话：010-88361066　　机　工　官　网：www.cmpbook.com

　　　　　010-88379833　　机　工　官　博：weibo.com/cmp1952

　　　　　010-68326294　　金　书　网：www.golden-book.com

封底无防伪标均为盗版　　　机工教育服务网：www.cmpedu.com

前言

"把爱好变成事业""选择稳定的工作""自由职业才是最好的工作形式""找一家可以提升技能水平的公司""发挥自己独一无二的优势""不会沦于大众化的职业才是最好的职业"……

当今社会,各种各样的职业建议层出不穷。这些关于求职的每一种建议似乎都具有一定的说服力。许多人由此陷入困惑,不知道该听从哪一种。

然而,这些建议中的大部分都有一个共同的问题——基于个人经验或喜好提出。

在自己热爱的事情上取得成功的人主张"从事个人喜欢的工作",向往稳定的人对"铁饭碗"的职业赞不绝口,靠炒股尝到甜头的人鼓吹积极投资,凭借写博客文章赚到钱的人则大力推荐人们去当博主。这些人的建议也许可以起到一定的参考作用,但毫无疑问,谁也无法保证哪条路必然通向成功。

难道我们注定得不到任何指引,只能独自摸索着去迎接人生的风浪吗?面对充满不确定性的未来,难道我们只能赤手空拳地硬着头皮往前冲吗？

答案是否定的。

所幸，从20世纪90年代开始，在组织心理学和积极心理学等领域，关于职业选择的研究不断取得进展，得出了十分精确的结论。怎样的工作能够使你感到幸福？我们应该怎么做才能在人生中做出正确的选择？诸如此类的疑问，都在一定程度上得到了定量的回答。要想在现代社会找到一份适合自己的工作，我们理应借鉴伟大前人探索得来的真知灼见。

当然了，统计学上的数据只是我们用来从大体上把握自己人生的工具。要想弄清楚自己究竟适合哪种方法，只能依靠在日常生活中不断地试错。

换言之，要想把本书中介绍的研究成果应用到现实当中，你必须结合自身的价值观和生活方式，找到一条自己独有的职业选择之路。本书的主旨，便是向大家介绍具体的做法。在这充满不确定性的人生中，愿本书成为指引你选择适合自己的道路的一盏灯。

目录

前言

引言：如何找到最棒的职业 / 1
    为什么我们总是在职业选择上栽跟头 / 2

步骤 ❶
走出幻想：职业选择上的 7 种错误 / 17
    选择职业时容易陷入的"幻想" / 18
    错误 1：根据兴趣爱好选工作 / 21
    错误 2：根据薪资待遇选工作 / 28
    错误 3：根据行业工种选工作 / 35
    错误 4：根据轻松与否选工作 / 40
    错误 5：根据人格测试选工作 / 45
    错误 6：根据自身直觉选工作 / 49
    错误 7：根据个人资质选工作 / 52

步骤 ❷
开拓未来：决定工作幸福感的 7 个关键词 / 61
    一切从开拓视野开始 / 62
    关键词 1：自由 / 67
    关键词 2：成就 / 70

关键词 3：焦点 / 74

关键词 4：明确 / 79

关键词 5：多样 / 83

关键词 6：伙伴 / 86

关键词 7：贡献 / 89

把握 7 个关键词，积极开拓未来可能性 / 93

步骤 ❸
扫除弊病：差劲的职场会有的特征 / 103

妨害幸福职业生涯的因素有哪些 / 104

消极特征 1：时间混乱 / 107

消极特征 2：工作内容混乱 / 112

助力你找到幸福职业的决策工具 / 119

步骤 ❹
明心见性：消除认知偏差的方法 / 137

认知偏差是人脑的"漏洞" / 138

根据时间做决策的方法 / 146

根据不同视角做决策的方法 / 154

步骤 ❺
价值重构：提高工作满意度的行动计划 / 169

判断工作满意度的方法 / 170

把你的工作改造成最棒的 / 178

后记 / 199

注释 / 204

给对未来和职业感到不安的读者。

忽略了不该忽略的地方,就会遗漏不该遗漏的东西。

◎ 柯南·道尔（1859—1930）
英国作家

〈引言〉

如何找到最棒的职业

STEP
0

Prologue

为什么我们总是在职业选择上栽跟头

选错职业，后悔一生

"我当初怎么不去找份更好的工作呢……"

"我就不该在那种公司工作那么久……"

这些话听起来像是职业选择失败的社会人士在自怨自艾，但其实它们都出自年近百岁的老人之口。2012年，美国康奈尔大学对1500位老人做了一项调查，请他们说说自己人生中最后悔的事情是什么，结果显示，对自己职业选择不满意的老人占多数。[1]

全球各地有人做过类似的研究，其结果大同小异。值得一提的是，接受调查的日本老人里，有很多都表示自己太过于把事业放在第一位了，一心扑在工作上，以致牺牲了自己的私人时间。这种将工作与生活密切绑定的日本人的国民性格，由此可见一斑。

另外，虽然也有不少人回答说后悔"未能珍惜友谊""虚度了光阴""做了自欺欺人的事情"等,但这些人的数量都不及抱憾于选错了职业的人。

他们的遗憾,有的是满脑子想着升职,以致得罪了同事;有的是长时间劳动,把身体累垮了;还有的嫌工作太艰苦,当了"逃兵"……

大多数老人,活了一辈子,到头来还在后悔自己的职业选择。

当然,不只是这些老人,当代工作者也有着同样的苦恼。根据日本厚生劳动省^㊀一项覆盖 36.5 万人的调查,超三成大学生参加工作不到三年就选择了辞职。如果这种离职事出有因,那当然无可厚非,但就各类不同性质的离职数据来看,在所有离职动机中,"实际的工作内容与自己预期的不符"这一项位居前列。由此可见,这些离职案例中,大部分是职业选择失败所致。

此外,在欧美和亚洲地区开展的近两万份调查显示,经由猎头物色跳槽到其他公司担任管理岗位和综合岗位的人中有四成在一年半的时间内就离职了,要么是被炒了鱿鱼,要么是认识到自己适应能力不足,主动递交了辞呈。

选择一份合适的职业,怎么就那么难呢?在这件对未

㊀ 日本中央省厅之一,相当于他国福利部、卫生部及劳动部的综合体。——译者注

来影响深远的人生大事上，为什么我们那么容易做出错误的判断呢？

选错职业的，10 个有 7 个是因为"视野狭窄"

为了找出职业选择失败的根本原因，我们不妨先来看看哈佛商学院做过的一项调查。[2]

在这项调查中，研究人员采访了包括日本在内 40 个国家的猎头公司和企业人事部门的 1000 余名负责人，在他们经手的诸多跳槽案例中，挑选出那些由于更换职业导致工作表现大不如前的，或是对人生的满意度直线下降的人，总结出这些人的相似之处。其目的在于调查那些后悔没能找到好工作的人，看看他们身上有哪些共同点。

调查的结果可以总结成一句话：

● 选错职业的，10 个有 7 个是因为"视野狭窄"。

"视野狭窄"的意思是，只关注事物的某一个方面，而根本想不到别的可能性。

举个例子，从调查结果来看，导致职业选择失败最多的原因是"没有做好前期调查"。

正常来说，人在选择职业之前，须对目标行业进行彻底的调查。如果有个人的朋友告诉他说"我换工作全凭直觉"，我想，任谁都会建议对方先好好调查清楚再说吧。

可是，也不知为什么，轮到自己的时候，我们却总是容易忽视这一点，不去做好充分的准备。

猎头行业的相关人士指出，在众多打算换工作的求职者中，只有极少数人会挑明了问目标企业诸如"贵公司如何评定员工业绩"或"工作上我有多大的自由裁量权"这类问题。似乎大多数人在面对职业选择这件人生大事时，视野往往会变得出奇狭窄，或许他们断定自己掌握的信息已经足够，又或许他们感觉胜券在握，对自己的选择深信不疑吧。

优秀人才也可能出现"视野狭窄"的问题

哈佛商学院的研究团队列举出了三个"视野狭窄"的典型情境。

- **受高薪诱惑**

    单纯为了更高的薪酬而决定跳槽，忽视了对其他因素的考量。这种情况下，尽管收入有所增加，却很有可能失去在上一份工作中经营起来的人脉关系，这样的案例屡见不鲜。

- **"逃跑"式跳槽**

    因对当前工作不满，所以选择"当逃兵"，而非出于对未来的考虑。这样的人从不去思考如何改善其在公司中的现状，即便换再多份工作，最终也只会逐渐走下坡路。

● **自负或自卑**

自我评价过高的人往往自认为能胜任任何一家公司的工作，出了问题只会挑公司的毛病，根本不去想有可能是自己做错了，也不懂得珍惜现有的工作环境。与之相反，自我评价过低的人面对机会时总是片面地认定自己能力不足，从而错失了更好的机遇。

这几个案例中的跳槽者都只关注事物的某一个方面，将更多的选项排除在了考虑范围之外。他们脑海里的观念往往是"非黑即白"的，因此他们想象不出还有第三种更好的选择。

由视野狭窄导致选择出错的现象比比皆是，头脑聪明的人也免不了出现这个问题。

美国俄亥俄州立大学针对一流企业的 CEO 和 COO 做了一项调查研究，收集了他们做过的各项决策共 168 件，比如"是否应该采用新的商业模式"或"是否要从别的公司挖掘人才"等，看他们的决策最终是否取得了成效。[3]

调查结果令人大吃一惊——在做决策时考虑了两个选项以上的商务人士只占 29%，其余大部分人只会简单地

"二选一",即"用还是不用""挖还是不挖"。

如此随意的选择自然是行不通的。数据显示,仅凭二选一做出的决策,其失败率高达52%,而与之相对,当准备了两个以上的选项时,其失败率降至32%。

从这些调查当中,我们可以得出一个十分朴素的道理:

● **面对自己的职业选择,我们应该再三斟酌,三思而后行。**

这样的结论貌似平平无奇,但正如我们所看到的,许多人在面对职业选择这件人生大事时,视野竟会变得出奇狭窄。那么反过来说,只要认真运用本书后文中介绍的科学正确的职业选择思维,就可以有效降低职业选择出错的概率。

人类的大脑不适合做职业选择

那么,为什么我们在面对职业选择这件人生大事时,视野会变得狭窄呢?

令人欣慰的是,近年来关于职业选择的研究不断取得进展,许多论文都针对这个问题给出了明确的答案。对所有这些观点进行总结后发现,导致我们职业选择出错的原因大致分为以下两个:

❶ 人类的大脑里不具备用于处理职业选择的"程序"。
❷ 人类的大脑里存在着误导职业选择的"漏洞"。[一]

人类本就不具备选择合适工作的能力,因为"职业选择"这个问题是步入现代社会后才出现的。

这一点不难理解,纵观人类历史,绝大部分人都没能实现职业选择的自由。

举个例子,假如你出生在原始社会,那么你只能作为部落中的一员,努力出去打猎;假如你生于江户时代[二],你很可能会遵循世袭制度,子承父业;而如果你出生在中世纪的欧洲,则有很大概率一辈子当个农奴。直到进入19世纪以后,欧洲兴起了"任人唯才"的思想,人们才开始有能力选择自己的职业。这就意味着,人类历史上超过90%的时间里,都不存在职业选择的问题。

因此,人类的大脑并没有进化出相应的能力来帮助我们有效处理"通往不同未来的可能性"。

"我是否应该留在大学继续深造?""我要不要努力学习法律,实现儿时当律师的梦想?""在老家找一份'铁饭

[一] 程序错误,是程序设计中的术语,指在软件运行中因为程序本身有错误而造成的功能不正常、死机、数据丢失、非正常中断等现象。有些程序错误会造成计算机安全隐患,此时叫作漏洞。——译者注

[二] 江户时代(1603年~1868年),是日本历史上武家封建时代的最后一个时期,统治者为三河德川氏。——译者注

碗'的工作会不会更好？还是应该筹集资金创业，做自己喜欢的事情呢？"

正因为我们的大脑无法适应这些"现代的烦恼"，所以面对大量选择时，许多人会陷入不安和混乱。

尤其是最近几年，不仅终身雇用制㊀瓦解，"人生100年时代""没有标准答案的时代"等新概念也屡屡被提起，甚至有人认为，未来人类一生从事多份工作将会是常态。难得找到了适合自己的工作，却不一定能长久地干下去，而是必须在进入人生的下一个阶段后，重新考虑职业选择的问题——如果这样的倾向进一步加剧，人们一定会越发感到迷茫。面对当前的状况，人类就好像一个孩子突然被扔到了一片陌生的土地，无所适从。

关于人类大脑里存在的"漏洞"这个问题，我将在"步骤4"中详细说明。我们知道，每个人的大脑里生来就有大量的"漏洞"，由于这些"漏洞"的存在，我们很容易在人生的重要关头做出错误决断。

偏见、自以为是、思维的扭曲、不合理性……

虽然漏洞的名称五花八门，但无不是生来就存在于人

㊀ 终身雇用制是个人在接受完学校教育开始工作时，一旦进入一个组织，将一直工作到退休为止，而组织不能以非正当理由将其解聘的制度。最早是日本企业倡导的一种管理方法，与其相对应的管理方法包括对年轻员工实行全面的职业管理和教育培训。——译者注

类大脑之中的，因此，人们总是在重要场合犯下同样的错误。下面列举几个职业选择失败的例子。

- "仅听信一家职业中介或朋友的介绍就决定跳槽，结果发现根本适应不了新公司的风气。"

  对刚刚获悉的信息不加甄别便武断做决定，这是人类典型的"漏洞"之一。人的大脑倾向于尽量避免做出艰难的决定，专业术语叫作"可得性捷思法"。

- "明明目前的公司并不适合自己，却总担心跳槽之后情况也不一定会改善，于是只好维持现状。"

  在明显应该对现状做出改变的时候，瞻前顾后，不愿走出舒适区，这也是人的一种基本心理。这种心理被称为"现状偏差"⊖，它会导致人们错失更好的就业机会。

- "入职心仪的公司后，刚开始感觉还挺好的，但随着时间推移，逐渐冒出'别的公司会不会更好'的想法。"

  无论从事多么梦寐以求的工作，初入职的喜悦都不会长期维持下去。即便如此，大部分人却总是对实现梦想怀有过高的心理预期，而在发现结果不尽如人意后，往往大失所望。这被称为"影响力偏差"，也属于人脑的一种"漏洞"。

⊖ 现状偏差是情绪性地倾向于维持现状的一种认知偏差。——译者注

显然，我们无法预料一段职业生涯或创业生涯最后会以怎样的结局告终，很多工作只有实际做过才能了解它的实际情况。不过，一个很重要的事实是，只要在事前多做一点调查和分析，就能大大降低职业选择失败的概率。人脑的"漏洞"则是影响你未来发展的一大论题。

在理解了上述几个要点后，本书旨在帮助读者提高职业选择的决策精度，提高选中合适职业的概率，最终将"后悔"的可能性降至最低。

相信在广大读者当中，也有不少人寻求的是诸如"如何找到一份稳定的（或赚钱的）工作""如何成功完成一次面试（或自我宣传）"等速效性的求职技巧，但本书关注的是更加深层次的问题，如：

- 怎样做决策才不会后悔？
- 怎样的工作方式能够给我们带来真正的快乐？
- 面对"人生的选择"这个没有标准答案的难题时，该如何作答？

如果不去思考这些基础性的问题，任何形式的职业建议都只是在做表面文章。不搞懂人脑思维的深层机制，只寻求建议去解决眼前的困难，就好像病急乱投医，吃再多药、喝再多补剂也无济于事。

正确选择职业的五个步骤

那么，我们应该如何解决这些问题？要想克服与生俱来的不利条件，尽可能做出正确的决策，我们应该怎么做？

我作为一名科学作家，至今已通读完10万篇科学论文，采访过600多位海外学者和专业医生。在写作本书的过程中，我从这些论文和采访中引用了与职业选择、人类幸福感、决策行为相关的内容。此外，我还做了进一步的调查，搜集了国内外组织心理学和经济学领域的数千篇研究论文，并针对"选择合适职业的要点是什么"等问题咨询了50多位专门研究人类幸福感和决策行为的专家。

在正式讲解之前，我们需要明确一点，即本书中所说的"合适职业"的定义：

◉ **最能让你感到幸福的工作。**

换言之，所谓合适的职业，是指该职业可以让你在完成日常工作任务后产生满足感，在工作场合中更多地感受到快乐，可以减少伤心和愤怒等消极情绪。一般而言，谈到合适的职业，人们想到的都是"可以发挥自身才能"或者"可以做自己喜欢的事情"的工作，但本书不采用这类定义。

这很正常，因为人们烦恼的诸多问题，如"不知道自己适合什么工作""担心自己不能适应新职场""想做自己喜欢的事情但下不了决心"等，归根结底都是源于内心深处"不想变得不幸"以及"想要过上幸福生活"的欲望。不管是入职心仪已久的公司，还是选择可以施展才能的工作，如果不能因此变得幸福，终究也只是徒劳。

所以，我从大量研究成果中遴选出最有望帮助我们选择幸福职业的一些技巧，把不同领域的知识整理归纳进书中，总结出了由五个步骤组成的大体系。

步骤 1：走出幻想（access the truth）

首先，我们需要重新审视一些常见的职业建议，从我们在选择职业时容易陷入的幻想中清醒过来。具体来说，就是检验一些想法或主张是否正确，比如"把爱好变成工作""找适合自己性格的工作"等。

步骤 2：开拓未来（widen your future）

找出诱使我们在职业选择上犯错的"罪魁祸首"，了解什么才是真正带给人幸福感的工作，排除误导我们做出错误决策的因素。这一阶段最重要的是，拓宽你的视野，使你在做职业选择时能够看得更远。

步骤 3：扫除弊病（avoid evil）

经过了步骤 2 之后，接下来需要思考差劲的职场会有哪些特征，找到一个好方法，帮助我们尽可能除去人生中遇到的难点。然后再了解一些有用的工具，让我们从众多人生选择中挑选出最适合自己的那个。

步骤 4：明心见性（keep human bias out）

在这个阶段，我们需要揪出盘踞在大脑里面的"漏洞"，审视自己做出的决策，看看有没有走错方向，学习"事前验尸"和"第三人称决策笔记"等消除漏洞的方法。

步骤 5：价值重构（engage in your work）

最后，弄清楚自己的职业选择是不是做对了，以及怎么做才能让工作变得有价值。理解了这几个要点后，再运用"工作满意度量表"和"工作重塑"等技巧来不断提升日常的幸福感。

这五个步骤英文名称的首字母可以拼成一个单词——"AWAKE"。只要逐步践行这五个步骤的内容，就能提高人生选择的正确率，加速觉醒，更快找到真正让你幸福的工作。

当然了，你大可不必死板地严格按照这五个步骤的顺序来做，而应该根据实际情况灵活调整。举个例子，假如你已经将求职范围缩小到了一定程度，那么你可以考虑直接从步骤 3 的"决策工具"着手；而如果你眼下在烦恼"该不该留在目前这家公司"，那么你可以先跳到步骤 5，从"工作满意度量表"开始学习。

不管怎样，使用 AWAKE 法的主要目的如下：

❶ 提高决策精度，选择正确职业。
❷ 通过选对职业，增强人生幸福感。

瞄准这两个终极目标，再通过实践 AWAKE 法，就可以让你的人生朝着更好的方向走下去。

那么现在，让我们马上进入步骤 1。

要找到比 20 多岁时有钱 10 倍的 60 岁的人很简单,但是很少有人说自己比 20 多岁的时候幸福了 10 倍。

◎ 萧伯纳（1856—1950）
爱尔兰剧作家

〈步骤 **1**〉

走出幻想

职业选择上的7种错误

STEP
1

Access the truth

选择职业时容易陷入的"幻想"

史蒂夫·乔布斯真的把爱好变成了事业吗

"你需要去找到你所热爱的东西,对于事业是如此,对于你的爱人也是如此。你的事业将占据你生活的很大一部分,只有相信自己所做的是伟大的工作,你才能获得满足感。成就一番伟业的唯一途径就是热爱自己的事业。如果你还没能找到自己热爱的事业,继续寻找,不要放弃。"

这段话出自已故的史蒂夫·乔布斯于2005年在美国斯坦福大学毕业典礼上做的著名演讲。这场经典的演讲让"把爱好变成事业"的理念广为人知。

不得不说,这段演讲内容非常打动人心,但有一点我们需要注意——乔布斯本人并非出于喜欢才开始研发电子产品。

的确,乔布斯自幼头脑聪明,喜欢接触科学技术和机械设备。然而,他后来之所以研发电子产品,纯粹是因为在杂志上看见了一个号称"可以轻松赚大钱"的广告。而且，比起科学，乔布斯更热爱佛教禅宗。当年他到雅达利公司工作，没干多久就辞职，远赴印度，开始自己的修行之旅。乔布斯后来创办"苹果"公司，也并非出于对电子产品的热爱，而是看到斯蒂夫·沃兹尼亚克设计的第一代苹果电脑后，从中嗅到了商机。

假如乔布斯当初投身于自己喜欢的事业，恐怕早已成了一名禅师或心灵导师。也许后来的乔布斯的确十分热爱自己开创的"苹果"公司，但他最初的职业选择确实是在权衡利益之后做出的。

同样的例子多得数不胜数，假如历史上的伟人都去从事自己喜欢的工作，那么凡·高一定到死都是个神职人员，可可·香奈儿只能止步于当个不卖座的歌手，拿破仑则终其一生只是个名不见经传的小说家。成功者基于个人经验或喜好提出的职业建议，并不一定适用于所有人。正如我在前言中提到的，再厉害的成功人士给出的建议也不一定适合你。

职业选择上的 7 种错误

满世界充斥着成功者基于个人经验提出的职业建议，我们究竟应该如何选择？面对如此多充满主观因素的择业参考，怎样才能找到最能使自己感到幸福的工作？

在这样的情况下，我们首先应该了解大部分人容易在职业选择上犯哪些错误。先搞清楚这一点，最起码可以避免出现大的失误。

那么，在做职业选择之际，我们容易犯哪些错误呢？为了知道这个问题的答案，许多研究都针对"与幸福感无关的职业因素"展开调查，得出了可靠的结论。总的来说，容易犯的错误可以大致分为以下 7 种类型：

❶ 根据兴趣爱好选工作
❷ 根据薪资待遇选工作
❸ 根据行业工种选工作
❹ 根据轻松与否选工作
❺ 根据人格测试选工作
❻ 根据自身直觉选工作
❼ 根据个人资质选工作

很遗憾，这些再常见不过的职业建议，其实全都大错特错。遵循这样的职业建议，短期内或许可以带给你幸福感，但从长期来看，它们不仅丝毫不能提升你对人生的满意度，稍有不慎还有可能使你陷入不幸。这就是所谓的职业选择上的"七宗罪"。我们首先需要做的，就是把握它们的重点，将这些错误的幻想逐个击破！

步骤 1　走出幻想：职业选择上的 7 种错误

错误 1：根据兴趣爱好选工作

把爱好变成事业并不能提升幸福感

"从事自己喜欢的工作吧！"

现代社会的职业建议中，最常听到的恐怕就是这句了。正如前文所述，这种理念曾随着史蒂夫·乔布斯的演讲一夜之间风靡全球。

许多人被这种主张吸引，并不是没有道理的。

美国市场调研公司 G&R 对 139 个国家的企业做过一项调查，其中针对日本的调查结果显示：在所有采访对象中，回答"工作中充满热情"的人只占 6%；相反，回答"没有工作热情"的人数占比高达 70%。139 个国家里，对工作的热情，日本排第 132 名。面对如此现状，人们自然而然会想要从事自己喜欢的工作，觉得这样就一定能从工作中获得满足感。

那么，是不是只要做自己喜欢的工作，一切问题就都迎刃而解了呢？不，事情没那么简单。大量职业研究结果表明，做不做自己喜欢的工作，并不会影响你最终的幸福感。

2015 年，美国密歇根州立大学做了一项大规模调查，主题是"把爱好变成事业的人真的幸福吗"。[1] 他们采访了数百个不同行业的从业人员，研究"事业观"是如何影响个人幸福的。

最终，研究团队依据调查对象的事业观将从业人员分成了以下两类。

- **适合派** 这类人认为"把爱好变成事业是幸福的"，他们倾向于从事能让自己获得满足感的工作，哪怕工资不高。
- **成长派** 这类人认为"工作是干着干着就会喜欢上的"，他们倾向于选择收入可观的工作，不太在意做得开不开心。

乍一看，似乎适合派的人更容易获得幸福感。这些人以为，从事自己热爱的工作，每天都能过得很开心，而且比起那些为了钱而工作的人，自己会对人生更满意。

然而，调查结果让人意想不到：刚开始，的确是适合派的幸福感更强烈，但5年后，就幸福感、年收入和职业发展而言，成长派都更胜一筹。

研究团队指出，适合派擅长寻找自己热爱的职业，但实际上，他们恰恰也可能对任何职业都看不上眼。

就算你再怎么喜欢一份工作，现实中也必然要面对大量麻烦事，比如经费结算、处理人际关系等。这时候，适合派越是执着于追求喜欢的工作，则越容易感受到理想与现实之间的差距，这不由得使他们心里产生一个疑问："我真的喜欢现在这份工作吗？"而这样的自我怀疑将导致他们的幸福感降低。

与之相反，成长派从不纠结于是否喜欢自己的工作，因此他们处理意外情况的能力通常都很强。由于本就不对工作抱有太大的期望，所以当出现小问题、小纠纷时，他们能够清醒地认识到："工作本来就是这样的。"

根据喜好找工作，难以掌握一技之长

另一项由牛津大学开展的研究结果表明：越是选择自己喜欢的工作，越干不长久。[2]

在这项调查中，研究团队采访了北美某动物保护机构的工作人员，研究者依据调查对象的工作心态，把这些人分成了以下三组。

- **喜好派** 这类人在工作时会想："我超喜欢这份工作！"
- **热情派** 这类人在工作时会觉得："这份工作能对社会做出贡献！"
- **清醒派** 这类人在处理日常业务时会认为："工作就只是工作。"

随后，研究人员调查了所有人的技能水平和工作持久度。结果发现，整体表现最优秀的是清醒派。人们潜意识里似乎觉得带着热情工作才更好，但实际上，那些想明白"工作就只是工作"的员工，不仅能力提升得更快，而且通常也干得更长久。

出现这样结果的原因跟前文中密歇根州立大学所做的研究一样。

假使你有幸找到一份称心如意的工作，刚开始的时候固然很开心，可是再怎么喜欢这份工作，也免不了遇到顾客投诉或者义务加班等糟心事。

这时候，那些根据喜好找工作的人便开始怀疑："也许我不是真的喜欢这份工作……也许我不适合干这行……"这种自我怀疑在脑海里挥之不去，会严重打消工作积极性，结果使他们难以很好地掌握职业技能，这也加大了他们离职的概率。

对待工作的热情与自己投入的资源总量成正比

除了"把爱好变成事业"外，"寻找能激发你热情的工作"也是我们最常听到的职业建议之一。它想表达的含义是，每个人心中都蕴藏着对于工作的热情，我们要做的仅仅是找到能点燃这份热情的工作，即所谓的"天职"。

这种想法非常浪漫，但它依然与实际统计数据不符。之所以这么说，是因为所谓天职并非靠找到，只能靠自己培养出来。

下面我将详细说明。2014年，德国吕讷堡大学面向众多创业者开展了一项问卷调查,询问他们"在多大程度上认为自己现在的工作是天职",重点了解他们往工作上投入了多少努力,以及每天能够从工作中感受到多大快乐。³

调查的结果告诉我们以下两个事实:

- 对待当前工作的热情,与上周投入的努力成正比。
- 过去投入的努力越多,现在对待工作的热情越大。

在众多被试当中,几乎没有哪个人工作伊始便认为自己找到了天职。大部分人一开始并没有多想,只是随着投入的努力越来越多,工作热情也越发高涨,从而最终把现在这份工作当成了自己的天职。

这样的现象在工作之外的场合也屡见不鲜。打个比方,假如你收藏了一个昂贵的动漫手办,那么你买它时花的钱越多,你对它的感情就越深,无论如何也无法割舍。类似的例子有很多,比如练习乐器的时间越久,越懂得享受演奏的乐趣……

总而言之,所谓能够激发你热情的工作,不会在世界某个角落等着你,也不会主动朝你"投怀送抱"。能对一份工作产生多大热情,取决于你人生中为之倾注的资源总量。

美国乔治城大学计算机科学系副教授卡尔文·纽波特

对那些自认为找到了天职的人做过一次采访,并得出了这样的结论:[4]

> 有幸觅得天职的人,大多没有事先就制订好所谓'人生目标'。他们找到自己的天职,几乎都是出于偶然。

其实,工作种类和内容并不能决定该职业是否是天职。反过来说,任何一种职业,都有可能变成你的天职。

"无心插柳"才能觅见真正想要从事的工作

通过以上的研究,我们可以明白一点——热情并非一开始就有,而是后来慢慢出现的。所谓对待工作有热情,指的不是自己刚工作就迸发出炽热情感,而是一个稳步推进的过程,始于一种"不经意间就喜欢上了工作"的感觉。

我们对工作应该有这样的热情,它也被称为"渐进式热情"。换句话说,真正的热情是在从事某项活动的过程中产生的。

耶鲁-新加坡国立大学学院做过一项著名的研究,揭示了渐进式热情的有效性。[5]研究团队请来一群学生,在确认了每个人的渐进式热情状态后,要求他们阅读一篇解释黑洞理论的高难度论文。

这次研究发现,拥有渐进式热情的人,即使面对不感兴趣的事物,也能热心地参与其中。在所有调查对象当中,那些认为"热情是在自从事某项活动的过程中产生"的人,大概率会把高难度论文通读完。

这很好理解,因为如果你认为热情原本就是自身具有的东西,那么但凡在工作中有一点点不顺心的事情,就会轻易使你感到受挫,让你产生"这份工作不适合我"的念头。

相反,如果你认为热情是自己培养出来的,那么即使面对一项刚开始令你觉得困难重重的工作,你也会想:"再坚持一下,没准就能发现新的可能……"于是你就会克服困难,继续做下去。

"不经意间就喜欢上了"看似是一种消极被动的态度,但实际上,坐等天职主动找上门来,反而才是真正的消极被动,不是吗?

在众多科学数据面前,"把爱好变成事业""寻找能激发你热情的工作"这样的职业建议根本站不住脚,无法帮你提高人生的满意度。

但即便如此,这类职业建议依旧大行其道,这在很大程度上可能要归因于职业辅导的市场规模实在太大。

当然,也许提出此类建议的人有不少纯粹是出于善意,但在职业辅导人员看来,"只要做自己喜欢的工作就一定能干好"这种思维非常贴近人们的直觉,浅显直白,故而容易得到大多数人的支持。因此，某些职业辅导人员往往会认为与其给客户看冰冷的研究数据，打碎他们的美梦，倒不如继续重复此类"甜言蜜语"，这样生意才能做得长久。

错误 2：根据薪资待遇选工作

金钱能够买来多少幸福

既然出来工作，谁都想多挣钱，都想选择一个收入好一点的职业，这是理所当然的事。大部分人看招聘信息找工作的时候，第一反应也是按照薪资水平从高往低挑。

但是，就提升幸福感而言，这种做法是有问题的。因为我们的人生幸福感和工作满意度跟薪资的多少几乎无关。

支持这一点的比较有代表性的数据，来自美国佛罗里达大学做的一项元分析调查。[6]

元分析是指将多个研究结果整合在一起，得出一个大的结论的统计方法。分析的数据量越大，准确度越高，因此在目前众多主流研究方法当中，利用元分析得出的结果最准确。

佛罗里达大学所做的这项元分析，从以往的关于"金钱与工作幸福感"的先行研究中选取了 86 项进行详查，使用的数据资料采集自美国、日本、印度、泰国等不同文化圈，在目前所有关于"金钱与幸福"的调查当中，无疑是准确度最高的。

而这项元分析得出的结论如下：

◉ **薪资水平与工作满意度的相关系数 r 仅为 0.15。**

相关系数是表示两个数据之间关联性的指标，这个数字越接近 1，表示二者的关联性越强。在很多情况下，如果两个变量的相关系数达到 0.5 以上，则表明二者之间是有关联的。

举个例子，大多数人的行为处事往往容易受自身性格的影响，这再正常不过了。比如，内向的人不会积极地参加社交聚会，天生好奇心强的人则喜欢走出家门，去海外旅行或参观美术展览等。

关于"性格与行为的关联性"的研究显示，二者的长期相关系数高达 0.9。[7] "性格决定人的言行举止"这一观点，听上去合情合理，实际上也得到了科学数据的证明。

与之相比，0.15 这个数字就小得可怜了，从统计学的角度来看，可以说是基本没有关联。用我们平常的话说就是，涨薪或许可以令工作满意度稍有提升，但在现实生活中几乎没什么意义。由此可见，从科学角度来看，"钱买不到幸福"这句老话无疑是一句至理名言。

比赚钱幸福 60 倍的简单方法

我们再来做一个更简单易懂的对比。

经济学界曾经开展过无数次研究来对比"从金钱中获得的幸福"与"从其他人生活动中获得的幸福"在程度上有多大差距。[8]例如，对比"收入增加"和"结婚"这二者究竟哪个更能使我们感到幸福。

以下是几个具体的结论。

- 与亲密伴侣步入婚姻殿堂所获得的幸福感，是收入增加带来的幸福感（按年收入从平均值提升至前 10% 计算）的 7.67 倍。
- 健康水平从"一般"改善至"良好"所获得的幸福感，是收入增加带来的幸福感（按年收入从平均值提升至前 1% 计算）的 65.31 倍。
- 离婚或失业造成的幸福感下降，相当于年收入减少 2/3。

以上结论表明，一个人即使在社会上再怎么努力打拼，甚至年收入排名靠前，他由此获得的愉悦感及幸福感也远不及邂逅一位好的人生伴侣或者健康情况得到改善。所以，与其期望靠挣钱变得幸福，不如把资源用在改善人际关系和身体健康方面。

年收入 400 万～500 万日元的 "幸福性价比"并不高

相信不少人都听说过"幸福感的巅峰是年收入 800 万日元[一]"这个说法。

2002 年诺贝尔经济学奖获得者丹尼尔·卡尼曼在研究中发现的这一事实非常有名,他调查了不同职业人群的年收入与心理变化之间的关系后注意到,当人们的年收入达到 800 万～900 万日元时,幸福感便不再随着收入增加而提升了。这种现象在世界各地都十分常见,在不同国家能够提升幸福感的金额上限都差不多。

不过,这个数值体现的是理论上的最大值,从理论上讲,超过这个数值后,赚再多钱,幸福感也基本不会再提升了。但其实,现实生活中,幸福感的提升瓶颈比理论值低得多。

举例来说,2019 年日本内阁府发布的"关于满意度、生活质量的调查"中,就选取了 1 万名采访对象,比较他们的家庭年收入与主观满意度的变化。[9] 调查结果如下:

◉ **不足 100 万日元(5.01 点)**[二]

◉ **100 万～300 万日元(5.20 点)**

[一] 折合人民币大约为 40 万元,以下不再赘述。——译者注
[二] 主观满意度点数满分为 8 点。——译者注

- 300万～500万日元（5.68点）
- 500万～700万日元（5.91点）
- 700万～1000万日元（6.24点）
- 1000万～2000万日元（6.52点）
- 2000万～3000万日元（6.84点）
- 3000万～5000万日元（6.60点）
- 5000万～1亿日元（6.50点）
- 1亿日元以上（6.03点）

从家庭年收入300万～500万日元这一区间开始，满意度提升的速度就逐渐减缓，达到1亿日元后，数字也没有发生太大变化。尽管由于选用的指标不同，这项调查不能直接与卡尼曼的研究进行比较，不过也可以看出，在日本，当家庭年收入超过300万～500万日元这一区间后，满意度提升的速度开始放缓。

此外，在一项涵盖了包括日本在内140个国家的关于"国民收入与幸福感的关联度"的调查中，也得出了这样一个结论：[10]

- 年收入达到400万～430万日元后，要想再将幸福感提升5%，则年收入需要再增加一倍。

换言之，假如你每年已经能够赚400万日元，那么即使你再将年收入翻一番，恐怕也只能提升一点儿幸福感。

当然了，目前日本人的年收入中间值为350万～360万日元，距离400万日元还有一定增长空间；而且各个国家的税负率和通货膨胀率等都不尽相同，所以上述数值不一定完全准确。再进一步说，就算在同一个国家，不同地区的生活成本也有差异，大城市和乡村地区的上限肯定也不一样。

但是，即便往多了说，在达到400万～500万日元年收入后，幸福感的提升速度也开始放缓。在此仅提供一个大概的参考值。

涨薪的效果只能维持一年

之所以说"钱买不到（超过一定程度的）幸福"，主要有两大原因：

❶ 金钱的边际递减效应
❷ 金钱带来的幸福取决于它的相对价值

"边际递减效应"是一个经济学领域的概念，它是指随着商品或服务量的增加，由此带来的收益反而会逐步减少。

这很好理解，不管你再怎么喜欢吃蛋糕，也始终只会觉得最开始吃的那一块最好吃，如果一口气吃两三块，蛋糕很快就变得没那么美味了。用比较专业的术语来描述这种状态，就是所谓的"边际递减效应"。边际递减效应的现象在任何文化背景下都很常见，哪怕我们过上再奢侈的生活，也会很快觉得厌倦，最终，幸福感将回到原来的基础水平。

另外，仅就年收入而言，涨薪所提升的幸福感平均只能维持一年时间。

瑞士巴塞尔大学在一项调查中分析了 33 500 份年收入数据后发现，大部分人在涨薪后的一段时间里，幸福感会大幅度提升，并且这种感觉将持续一年时间。不过，涨薪带来的效果到此为止，一年过后，幸福感开始急速下降，再过三年，几乎就降回到了原来的水平。[11] 可见，从涨薪上体会到的喜悦实在是"稍纵即逝"。

钱买不到幸福的第二个原因是，金钱带来的幸福取决于它的相对价值。年收入增长的喜悦，关键不在于工资条上的金额有多大，而是来自与他人的对比。

打个比方，你是一个很有钱的百万富翁，但假如你身边的人个个都是亿万富翁的话，你自然就开心不起来了。再比如，你用辛勤工作赚来的钱买了一块价值不菲的名牌手表，但这时你发现你的朋友戴的表比你的名贵，那么买表给你带来的幸福感就会降低，这被称为收入等级理论，已经多次被样本数超 8 万的观察研究证实。[12] 尽管人们常说不要攀比，但还是克制不住自己的本能。

当然，我这样讲，并非劝人们找工作时不要在乎薪资。毕竟，如果有两份条件相似的工作摆在眼前，当然应该优先考虑薪资高的那个。再者，幸福感的提升上限在年收入 800 万～900 万日元，把自己的资源用于争取更高的年收入，也不失为一种人生之道。

不过，正如剧作家萧伯纳所言："要找到比 20 多岁时有钱 10 倍的 60 岁的人很简单，但是没有人说自己比 20 多岁的时候幸福了 10 倍。"一味追求年收入增长的人生，"性价比"绝对高不起来。

既然如此，不如放弃为了提升区区几个百分点的幸福感而拼死拼活地工作，在满足了最低限度的衣食住行需求后，把空闲时间花在自己的兴趣爱好上，这不也是一种可取的生活方式吗？一切，全看你如何抉择。

错误 3：根据行业工种选工作

专家预测的准确性有多高

根据行业或工种选工作，这样的现象也很常见。有人说今后金融科技领域发展潜力很大，有人说无现金交易时代正在来临，他们或是把目光投向各类新兴行业，或是只单纯地依据个人兴趣选择那些看起来比较有意思、对他们胃口的工作。比起日渐式微的夕阳产业，人们更愿意从事前景稳定的工作，也更钟情于自己感兴趣的工种，这是一件很自然的事。

然而，这种想法其实是错误的，理由有二：

❶ 即便是专家也无法预测哪些行业有发展潜力。
❷ 人们也预测不了自己的兴趣偏好会有何变化。

有个问题在于，专家的预测并不完全可靠。的确，预测未来行业的发展趋势在一定程度上是有必要的。如果我们上网查一下，就能找到大量相关资讯，比如哪些行业蒸蒸日上，哪些每况愈下，以及如何借助搜索引擎寻找有发展前景的企业等。其中不乏出自麦肯锡咨询公司和牛津大学等权威机构的预测，极大地左右着我们的心态。

然而，这些专家的预测很多都落空了。即使是知名度很高的精英学者，他们做出预测的准确度都无异于抛硬币。

关于这一点，美国宾夕法尼亚大学的研究数据最为有名。[13] 1984～2003 年，该大学的研究团队先后邀请了包括学者、评论家、记者等在内的 248 位专业人士，请他们对 3～5 年后的经济状况和产业生态、政治情势等方面做出预测。在所有针对专业人士预测准确性的调查研究当中，这次的精度是目前为止最高的。

研究团队最终收集到超过 28 000 份预测数据，将这些数据全部整理后发现，专家做出的预测，准确率仅有 50% 左右。

该研究报告的作者菲利普·泰特洛克在描述这种状况时写道："专家预测的准确性比黑猩猩掷飞镖高不到哪儿去……"可见，我们对未来的预测并不那么准确。

对未来十年后的预测有多准确呢

任职于克林顿和布什执政期间的美国前国防部要员林顿·韦尔斯也曾于 2009 年发布的一份文件中讽刺了这些专家学者对未来的预测。

当时，美国国会会定期投入大量财政税收，用于对今后 20 年世界形势发展的预测，试图以此来把握未来政治经济走向。对此，韦尔斯深感愤懑，他梳理了从 1900 年到现在的历史，借此说明人类对未来的预测有多么不靠谱。

比如下面这样的事实：

- 1980 年左右，美国是史上最大的债权国，所有人都认为这种情况将持续下去。

- 20世纪90年代，美国成了史上最大的债务国，绝大部分人不知道因特网的存在，认为物质经济的发展不会停滞。
- 10年后，信息和生物科技等领域发生了技术革命，产业发展趋势愈发变得不可预测。

很多专家连3年后的状况都难以预测，更不要说以10年的跨度来预测经济发展和行业变动了，世上没有人能做到这一点。今天的人们可能很难相信，在20世纪八九十年代，许多精英人士预测"日本即将坐上世界经济第一的宝座"，当时这一预测还很出名呢。

"10年后的职场是这个样子的！""未来的工作方式将如此变化！"对于这类观点，信与不信是你的自由。但毫无疑问的是，任何人、任何手段都不可能对未来经济和行业发展的动向做出准确预测。

我们连自身的变化都无法准确预测

从事自己感兴趣的行业或工种，这种想法也存在很大问题。正如专家的预测靠不住一样，我们对自己未来所做的预测也是靠不住的。

不妨来看看哈佛大学做过的一项大规模调查实例吧。[14]

研究人员采访了年龄为18~68岁的近两万人，首先调查了他们各方面的喜好，比如喜欢什么类型的人、有什么兴趣爱好，以及心仪的职业是什么等。随后，研究人员提出了两个问题：

❶ "你觉得10年后你的价值观和喜好会发生多大变化？"
❷ "过去10年间你的价值观和喜好发生了多大变化？"

比较了这一对镜像问题的所有回答之后，研究人员发现人的喜好变化有一个共同的特点，即在这些不同年龄层的调查对象中，几乎每个人都低估了过去10年间自己身上发生的变化。

打个比方，18岁的你曾梦想将来开家咖啡馆，但当你到了28岁的时候，是否还保留着这个愿望，这是没办法预测的。假设28岁的你对市场营销产生了兴趣，但是谁又能保证，再过10年你不会又被一个前所未有的新职业吸引呢？

当然也有人保持初心，继续追逐儿时的梦想，但这样的例子毕竟是少数。有的人年少时喜欢文身，成年后却想把文身洗掉；有的人迫不及待想跟心爱之人结婚，之后却又婚姻破裂……这样的例子不胜枚举，足以证明我们连自身的变化都无法准确预测。

心理学家把这类现象称为"历史终结错觉"。大部分人都以为自己当前的价值观或喜好是最优解，根本不承认自己身上曾经发生过变化,也不承认未来仍旧可能发生变化。

然而,现实世界的变化日新月异,让人眼花缭乱,连专家都无法预测。你的喜好和价值观也会随着实际情况的改变而不断变化,今天你选择从事某个特定的行业或工种,也许几年之后你就后悔了,这是完全有可能的。

前文提到的林顿·韦尔斯在写给美国国会的文件结尾处这样总结道:

"未来是什么样子,谁也不知道,但可以肯定的一点是,至少它跟我们现在预想的完全不一样。我想,我们应该带着这样的认识去制订计划。"

错误4:根据轻松与否选工作

轻松的工作,死亡率却更大

没有人不讨厌繁难的工作。想要尽可能选择负担更小的工作,这是人之常情。

每月加班时间超过80小时的艰苦工作,其危害不言自明。大量研究数据已经表明,工作压力大的人,容易患中风和心肌梗死等疾病,因此跟其他人比起来,前者早逝的风险更大。[15] 如果工作比较轻松,没有压力,就可以保持放松的心态，干起活来也会感觉更有效率吧。

然而，从幸福感的角度来看，这样的认知其实也是错的。压力有害身心健康，这是事实，但反过来说，过于轻松的工作也会使你的幸福感大幅度下滑。

实际上，已经有大量研究显示，公司里越是位高权重的管理层，他们的健康水平和幸福感越高。与周围的下属相比，这些领导尽管工作量明显更大，但他们却更不容易得感冒和某些慢性疾病，每天精力充沛，感觉不到疲惫。

此外，英国一项针对三万名公务员展开的研究表明，一个组织里职位最低的人，其死亡率是那些职位高、工作任务更重大的人的两倍。[16]这一现象也可见于人类以外的物种。一些对生活在肯尼亚热带草原上的狒狒种群所做的调查研究发现，工作量越少的个体，具有分泌更多压力激素的倾向。由此可见，工作负担小，并不见得能让我们在精神上更放松。

那么，明明有那么多人被繁重的工作压垮了身体，为什么有的人反而因为干的活多而变得更幸福呢？

适度的压力可提高工作满意度

"一定的忧愁、痛苦或烦恼，对每个人都是时时必需的。一艘船如果没有压舱物，便不会稳定，不能朝着目地笔直前进。"这句叔本华的名言，在一定程度上揭示了过于轻松的工作对人体有害的原因。有压力未必是坏事，因为压力也是我们幸福生活中不可或缺的要素之一。

美国兰德公司⊖在一项军事战略调查中，对以往大量关于压力的研究进行了回顾，并列举出了"适度压力"带来的三点好处。[17]

- ⊙ 提高工作满意度。
- ⊙ 提高绩效达成度。
- ⊙ 降低离职率。

也就是说，适当的压力不但不会给你带来问题，而且能提升你的幸福感。

图1-1可以直观反映这种现象。远远超出自身能力范围的工作会引发焦虑，损害你的健康；反之，没有任何负担的工作使人无聊，最终也会造成幸福感的下降。

打个比方，压力给我们带来的好处就如同小提琴的琴弦。琴弦绷得太紧，便只能发出刺耳的尖响；太松弛，音色又变得混浊难听。要想奏出悦耳的音乐，必须将琴弦的松紧程度调得恰到好处才行。

⊖ 美国的一家智库。其成立之初主要为美国军方提供调研和情报分析服务。随后组织逐步扩展，为其他政府以及团体组织提供服务。——译者注

步骤 1　走出幻想：职业选择上的 7 种错误

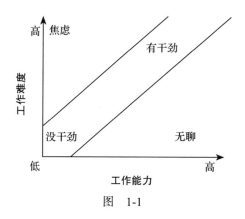

图　1-1

简而言之，一个组织里等级高的人很幸福，原因就在于，比起等级低的人，前者在工作上更"张弛有度"，从而压力更小。

公司里职位越高的人在工作上的自由裁量权也越大，即便遇到难度较大的工作，通常也可以自行把控处理进度，而且不需要勉强自己去和不喜欢的人共事。

与之相反，职位低的人既无权决定任务期限，又不能自由选择工作内容，可控的范围十分有限，这导致他们无法调节自身压力，最终造成幸福感下降。谈到升职的好处，人们脑海里首先想到的便是加薪，但其实真正左右你的幸福感的，不是薪资待遇，而是工作上的自主权。

要想提升幸福感，良性压力不可或缺

总的来说，压力就像一把双刃剑，既能提高我们的幸福感，也能降低我们的幸福感。黑心企业就如同慢性毒药，给人造成的压力和危害甩都甩不掉，这当然是不好的，但如果工作过于轻松，其实也会使你没那么幸福。

表1-1列出了良性压力与恶性压力的大致差异。恶性压力会导致人体免疫系统功能紊乱，甚至影响大脑的工作效率；与之相对，良性压力不仅能够增强工作动力，而且能消除身体疲劳。

表 1-1

	良性压力的特征	恶性压力的特征
持续时间	短（持续几分钟到几小时）	长（持续几天甚至几年）
对心理的影响	增强动力，短时间内提高专注力和记忆力	削弱动力，短时间内降低幸福感
对大脑的影响	增强大脑可塑性，改善认知功能	削弱记忆力，弱化理性思维
对免疫系统的影响	修复人体损伤	妨碍免疫系统运作，引发慢性疾病
对心肺功能的影响	短时间内增强体力，缓解轻度疲劳	诱发高血压、心脏病、中风

被称为"压力理论之父"的汉斯·塞利说："不要逃避压力，因为那就好像在逃避食物和爱。"

我们在锻炼身体时，必须通过肌肉训练或有氧运动来给身体施加适当的负荷；我们也需要适度的压力才能提升幸福感。

错误5：根据人格测试选工作

人格测试能否帮你找到合适的工作

"你是不是喜欢把事情安排得井井有条？"

"你是不是不善于向别人提要求？"

点开求职网站，经常会弹出一连串这样的问题。这是一种基于"九型人格"理论的人格测试，专门帮助那些不清楚自己适合什么工作的人选择职业。回答完一系列问题之后，就会出现相应的建议，比如"你是求知欲旺盛的学者型人格，适合从事能够钻研专业知识的工作"等，给你提供一个择业方向。

除了九型人格理论之外，"RIASEC"和"MBTI"等人格测试也是求职时人们常用的工具，它们都采用过去提出的人格理论，备受广大求职者青睐。但是，这类人格测试真的对择业有帮助吗？

很遗憾，单凭一个测试，没法保证帮你找到合适的工作。

我们先来看九型人格。"九型人格"是一个人格测试，将人分为九个类型，如"改进型""成就型"等。这个人格测试的问题在于，测试结果可以往任何方向解读，而且都能解释得通。

九型人格理论认为，每个人心中的欲望和恐惧有各自特定的模式，正是这种心理模式上的差异划分出了不同的人格特性。例如，第六型人格"质疑型"追求安全感，讨厌孤独；第九型人格"和平型"爱好安定，讨厌纷争。

不过，相信你已经注意到了，"安全"与"安定"这两个概念非常相似，很难明确区分二者的含义。如果一个容易感到不安的人看到这个分类，他一定觉得自己既可以归为第六型人格，也可以归为第九型人格。

有趣的是，在国外的相关网站上经常能够见到这样的说明："如何解读九型人格测试中的各种人格类型，是需要经过学习的。"值得一提的是，日本介绍九型人格的网站所宣称的"测试效果已得到斯坦福大学研究团队实际验证"一事，纯属子虚乌有。真实情况是，一名获得斯坦福大学硕士学位的作家曾经出版了一本关于九型人格的书，但他并没有走正式的论文出版流程，这一点值得我们留意。

饱受批评的 MBTI 测试

在日本，另外一个常见的人格测试就是 MBTI 测试。

这款人格测试是美国教育工作者于 1962 年开发的，通过直觉、思维、情感等 8 项指标来把握人的个性，最终将人的性格划分为 16 种不同类型。如今，MBTI 测试不仅用来做求职参考，还被广泛应用于企业管理和教育培训等领域，称得上全球流行度数一数二的专业人格评估测试。

虽然 MBTI 测试广为流传，但过去几十年来，它一直饱受各界批评。

它最大的问题在于，每次测试的结果都不一样。

21 世纪初开展的大量实验显示，参加 MBTI 测试的调查对象中，差不多有一半人在 5 周后的第二次测试结果与第一次完全不同。[18] 前后的测试结果不一致，自然不能在职业选择时用作参考。

美国密西西比大学调查了以往的 111 项先行研究，发现这个测试对于调查对象工作表现的预测和评估无一成功，以致他们总结说："MBTI 的效果令人大失所望。"[19]

尽管也有少量研究得出了"MBTI 有助于人们找到合适职业"这一结论，但它们大部分都是推广 MBTI 的协会或团体出资做的，因此其可信度要打上一个大大的问号。至少到目前为止，支持 MBTI 的研究数据可以说是一个都没有。

RIASEC 测试的预测准确度

相信不少人都曾在大学职业辅导活动中做过 RIASEC 测试。这项测试基于"职业选择理论"，由美国心理学家约翰·霍兰德设计，后衍生出了"职业准备测试""职业兴趣检测""职业诊断测试：CPS-J""SDS职业自我诊断测试"等诸多亚类。

这些测试的思路都一样，就是把人的性格划分成"实际型""研究型""艺术型"等六种，向各个类型的人推荐最适合他们的职业。举个例子，如果是实际型的人，就向他推荐机械学或工程学；如果是艺术型的人，会判断他适合从事美术和设计方面的工作。

很多人听说RIASEC测试是由心理学家设计的，便觉得似乎颇为可信，但其实它的准确度也有待商榷。

2011年美国佛罗里达州立大学发表了一项元分析。研究人员从过去的RIASEC研究中整理出可信度较高的74项，得出了目前为止准确度最高的结果。[20]

研究结论可以概括为：RIASEC的预测准确度没有我们预期的那么高。一些人从事了测试为他们推荐的职业，可实际的工作表现并不如预期。

从RIASEC模型的发展历程来看，可能是因为"职业选择理论"更多是霍兰德博士把他过去从事职业辅导时得到的"性格与职业可能有关"的想法体系化的产物，没有引用研究数据。

不过现在还是有一些学校和职业辅导机构在实际工作中使用这一模型。

步骤 1　走出幻想：职业选择上的 7 种错误

错误 6：根据自身直觉选工作

要想直觉行之有效所需的三个条件

看到这里不难发现，选择一份能够带给我们幸福感的工作是多么困难的事情。既然自己的喜好和薪资水平都不宜作为择业的依据，那么不如干脆凭直觉选工作，省得纠结——这样想的人一定也是有的。

实际上，从事职业辅导的人经常建议咨询者"跟着感觉走""最后关头只能听从自己的内心""凭感觉作答往往能够歪打正着"这样的理念就是在强调"该出手时就出手"，凭直觉行事。

前文已经举过史蒂夫·乔布斯的例子，在这里我还想再引述他说过的一句话："最重要的是，勇敢地去追随自己的心灵和直觉。"这说明，"直觉主义"还是有支持者的。

不可否认的是，近年来，一部分研究数据的确表明了直觉的正确性。

其中较为有名的是一项以职业棋手为调查对象的实验。研究团队让专业的"快棋"㊀棋手进行普通时长的对局，测试他们在快棋对局和普通对局的表现有何差异。[21] 结果发现，尽管下快棋时每着棋的思考时间平均只有 7.5

㊀ 国际象棋的一种特殊对弈形式，单局游戏限时五分钟。——译者注

秒，往往只能凭直觉落子，但专业棋手依然发挥出了丝毫不亚于普通对局的水平。

类似的实验数据还有很多，直觉胜过熟虑的例子并不罕见。也许你会想："既然如此，做职业选择时是不是也最好凭直觉呢……"不，这种想法也是错的。因为要想直觉行之有效，必须满足以下三个条件：

❶ 规则严格明确
❷ 有机会多次练习
❸ 能够马上获得反馈

下棋就是一个典型的例子。首先，大家都知道，棋子的移动规则是严格明确的；其次，棋手可以多次复习之前的棋局；最后，通常来说，一局对弈的时长最多两三个小时，棋手当场便能获得棋路的反馈。

找工作则完全不符合这几个条件。第一，职业选择没有所谓的"固定走法"；第二，不管进入什么样的企业，都是"一招定胜负"；第三，要想搞清楚有没有选对公司，至少也得工作几个月后才知道。在如此"不利"的条件下，我们的直觉无法正常发挥作用。

归根结底，我们对未来的预测本来就靠不住，这一点在前文中已经见识过了。用直觉来判断人生的走向，简直就是一场危险的赌博。

用直觉思考的人，人生必将以"自我辩白"告终

关于"直觉判断和逻辑思维哪个更胜一筹"这个问题，过去的研究已经在一定程度上给出了答案。

2014年，美国鲍灵格林州立大学针对274名学生展开问卷调查，研究了他们的决策模式。[22] 人的决策模式是与生俱来的，可以划分为以下五种类型。

❶ 合理型：运用逻辑思维做出选择
❷ 直觉型：凭借直觉或感觉做决定
❸ 依赖型：参照他人的建议做决定
❹ 回避型：希望拖延做决定的时间
❺ 主动型：想尽可能快点做完决定

这次研究发现，人的决策模式可能会随着情况的不同而发生改变，但在大多数场合下，人们大多还是会坚持他们各自固有的模式。

随后，研究团队通过采访这些学生的亲朋好友，对这些学生以往做过的决策及其准确度进行了调查。比如询问他们曾经做过哪些兼职，选修过哪些学科等问题，检验他们的决策最终是否取得了好结果。

将所有调查数据整合后发现，"合理型"决策模式赢得了压倒性的胜利。不管是在什么场合下做出的决策，运

用逻辑思维考虑问题的学生总是能取得最好的结果。

与之相反的是采用"直觉型"决策的学生,这样的人自认为做出的选择是正确的,但家人和朋友对他们选择的评价却往往偏低。由此可见,依赖直觉做决策,会使人执迷于追求自我辩白,从而拉低了他人对自己的客观评价。

这一现象在其他研究中也得到了验证,在绝大多数人生选择上,运用逻辑思维考虑问题的人,人生满意度更高,日常生活中的压力也更小。[23] 由此看来,不依赖感觉,坚持理性思考之精神,或许才是使人生走向成功的秘诀。

错误 7:根据个人资质选工作

过去的实习或工作经验无助于判断个人资质

"资质"一词也是职业选择时常见的一个概念。提倡根据资质择业的人,认为这个世界上存在某种工作,是跟自己与生俱来的能力完全匹配的,只要找到这份工作,就一定能干得风生水起……

社会上也有不少企业十分重视"资质",他们致力于通过对个人智商、兴趣、性格、过去的工作经历等因素进行筛查,来不断发掘有能力的人才。相信很多人做过各种各样的"职业资质测验",有的说"你适合从事辅佐别人

步骤 1　走出幻想：职业选择上的 7 种错误

的工作",有的说"你是具有领导潜质的人",结果不一而足。

那么问题来了,我们真的能够预先判断什么工作是与自己完全匹配的吗?这个世界上真的存在某种能够让我们自由发挥个人资质的工作吗?

关于这个问题,有过许多研究,其中准确度最高的,当属心理学家弗兰克·施密特和约翰·亨特所做的元分析。[24]

他们从过去一百年间关于职业选择的调查当中挑选出质量较高的数百项,将所有研究数据进行整合后,就"一个人的工作资质是否可以预先判断出来"这一问题得出了一个大的结论。如此大规模的调查可谓史无前例,是目前最具权威性的研究。

论文中选取了诸如"模拟面试"和"IQ 测验"等资质测试项目,求出它们各自的相关系数。简单来说,就是调查是否存在某种测验,有助于我们判断一个人能否在职场上发挥出个人资质。

我们先来看整体结论。如果把这些资质测验按可靠性从高到低依次排列,就会得到下面的信息。

第一位：工作样本测验（0.54）

第二位：IQ 测验（0.51）

53

第三位：结构化面试（0.51）

第四位：同行评议（0.49）

第五位：职业知识测验（0.48）

第六位：实习（0.44）

第七位：诚实度测验（0.41）

第八位：普通面试（0.38）

第九位：过去的工作经历（0.18）

第十位：学历（0.1）

某些名词可能有人没听说过，在此说明如下。

- **工作样本测验**：预先给测验对象布置任务，任务内容与公司实际工作类似，根据测验成绩做出评价。
- **结构化面试**：预先准备好若干提问，提问内容与过去的工作表现有关，比如"你曾经达成过哪些比较大的目标"，让所有应聘者回答同样的问题。
- **同行评议**：先让求职者在公司里实际工作一段时间，然后请其他员工对他的表现做出评价。相当于优化版的实习。
- **诚实度测验**：这是一个测量应聘者行为诚实度的性格测验。

总之，通过以上数据，我们可以知道一个事实：不管采用哪种方法，都无助于我们预测一个人就业后的工作表现。

拿第一位的"工作样本测验"来说，就算它的相关系数最高，其测试结果也仅能代表候选者个人实力的一小部分（29%），候选者的实际工作表现在很大程度上还会受耐力、学习能力等多种特质的影响。即使事前的测验成绩再高，入职后还是有可能发挥不出个人实力。

其他的资质测验更是让人无话可说，比如日本企业常看重的"普通面试""实习"以及"过去的工作经历"等，其测验成绩几乎根本没法用作衡量工作表现的指标。如果对这些测验的结果信以为真，你的职业选择大概率会以失败告终。

现有的这些资质测验之所以派不上用场，是因为影响我们工作表现的变量实在太多了。现实中，完成正常工作所需的能力和特质有很多种，稍微想想就能列举出不少，比如抽象思维能力、创造力、人际交往能力、心理承受能力、情绪控制能力等。所有这些能力，仅靠几次面试或测验是无法得出正确判断的。

此外，工作所需的技能还会因企业文化不同而产生变化，这也是我们无法预先判断个人工作表现的原因之一。打个比方，同样是食品加工企业，有的企业文化重视组织内部和谐，崇尚以和为贵；有的企业则追求新奇的创意，侧重于推陈出新……这样的事情简直再平常不过了。

进一步说，个人资质与实际工作的关系还会随着环境和时间的变化而轻易发生转变，比如领导换届了，职务调动了，都可能使工作上对个人的能力和特质产生新的要求，这一点儿也不稀奇。所以，过去的实习或工作经验无法准确预测将来的工作表现，也是理所当然的。

选择能发挥自身优势的工作也没什么用吗

"优势识别器"这个概念，我们也有必要了解一下。

这是由美国盖洛普公司开发的一款"才能评测"网络在线工具，通过回答117个问题，来告诉你你的"优势"在哪里。《盖洛普优势识别器2.0》一书介绍了这种评测方法，这本书深受日本读者喜爱，一度成为畅销书。

"优势"可分为34种，包括分析思考能力、学习欲望、战略性等。据说，只要我们能很好地运用其中首要的5种"优势"，就可以提高工作表现，降低离职概率。换言之，这种理念认为，能够让你发挥自身"优势"的职业，才是适合你的职业。

评测的内容是盖洛普公司基于对超过十万名商务人士所做的采访反馈数据构建的，打开官网，该公司经手过的海量实验数据任你浏览。其样本容量非常大，单就这一点来看，"优势识别器"可以说在统计学上也是经过了检验的。

不过，这些实验的问题在于，它们全都是由盖洛普公司独家开展的，没有经过正式的审查程序，所以不能作为证据采用。由此看来，"优势识别器"的可信度还是不够高。

更关键的是，"只要发挥优势就能出色完成工作"这种思想本身就非常值得怀疑。举个例子，被称为"积极心理学之父"的马丁·塞利格曼曾经做过一项调查，他找来7348名被试，研究比较了个人优势与工作满意度之间的关系。[25]

研究得出了以下两点结论：

❶ 个人优势与工作满意度之间确实存在一定关系，但二者的关联程度非常小。
❷ 如果公司里很少有同事具备跟你一样的"优势"，那么你的工作满意度将会提升。

在此有必要解释一下第二点。

打个比方，假设你是一个拥有高超分析能力的人，但如果你身边的同事跟你一样，也擅长数据处理和理性思考，那么你的"优势"的相对价值就会降低；相反，如果你身边的同事都不具备良好的分析能力，那么你的市场价值便会提高，你在该公司的工作满意度也将提升。

以防有人误会，我要强调一下，上述调查结果绝不是在否定了解自身优势的现实意义。因为许多积极心理学方面的先行研究都表明，只要每天有意识地发挥自身优势，就能够一点一滴地增强你的日常幸福感。

关于这个结果，塞利格曼本人是这么说的："我不建议大家基于自身优势去找工作，不过，如果你只是想提高你在当前职场的工作满意度，那么发挥个人优势就是一个管用的方法。"

总之，在已然就业的情况下，"优势识别器"或许可以派上大用场。不过，我们现在讨论的是它是否有助于寻找合适的职业，在这个问题上，仅仅依靠个人优势不见得是上策。

真正能够让我们的人生变得丰富多彩的工作在哪里

读到这里，也许有人会感到很混乱。

既然把爱好变成事业并不能提升幸福感，追求高薪又缺乏效率，专家的判断也不可靠，那么我们究竟应该以什么样的标准来选择职业？真正能够让你的人生变得丰富多彩的工作，究竟在哪里？

为了探寻这个问题的答案，我们将在下一章为大家讲解职业选择失败的原因和合适职业的必要条件。弄清楚这两点非常重要，它有助于解决我们选择职业时的困扰，帮助我们正确开启未来的可能性。

(步骤1　走出幻想)

职业选择上容易陷入的误区，
注意看看自己有没有中招。

职业选择上的 7 种错误

1 根据兴趣爱好选工作

2 根据薪资待遇选工作

3 根据行业工种选工作

4 根据轻松与否选工作

5 根据人格测试选工作

6 根据自身直觉选工作

7 根据个人资质选工作

我们平时太囿于一己之范围,鼠目寸光,只能看到鼻尖下的事。

◎ 蒙田(1533—1592)
法国哲学家

〈步骤 2〉

开拓未来

决定工作幸福感的7个关键词

STEP
2

Widen your future

一切从开拓视野开始

莱特兄弟也曾"视野狭窄"

正如我在引言中提到的,导致我们在职业选择上犯错的一个重大原因就是"视野狭窄"。一旦视野变得狭窄,我们便只会关注某个特定选项,无法想象未来还有其他可能性。

这样的错误,莫说普通人,很多很有能力的名人也避免不了。

众所周知,美国莱特兄弟因发明了第一架现代飞机而闻名于世,可是后来,他们却又亲手把自己后半辈子的职业生涯毁掉了。

1903年,莱特兄弟成功实现载人动力飞行后,迅速取得了该项技术的发明专利,他们以为从此可以凭借专利费过上富足自在的生活。然而,事情并没有那么顺利。越来越多的航空先驱们开始参考莱特兄弟的技术研发出新的飞行器，二人认为这样做侵犯了他们的专利权，余生都在为专利诉讼而不停奔走。

他们本想通过打官司捍卫自己的财富和名誉，但几乎每次提起诉讼都以败诉告终，二人恼羞成怒，从此脑子里想的只有打官司一事，终于深深地陷进了诉讼的泥沼里无法自拔——这完全就是"视野狭窄"的状态。

在莱特兄弟忙于打官司期间，其他航空先驱们开始赶超他们的技术，二人原先申请的专利完全淡出了人们的视野，最终只剩下一点历史纪念价值。哥哥威尔伯深受打击，从此郁郁寡欢，45岁便英年早逝；三年后，弟弟奥维尔也黯然退出了技术开发领域……

其他有类似遭遇的人并不少，比如精神分析学派的创始人弗洛伊德，就曾经因为过于固执己见而"视野狭窄"，开始逐个攻击反对他的人。凡是有人跟他意见不合，他就把对方赶出自己的学派，这样的做法直接导致后来荣格、阿尔弗雷德·阿德勒以及威廉·赖希等心理学名家跟他分道扬镳。

我们自己面对职业选择时，也很容易犯下和莱特兄弟、弗洛伊德类似的可悲错误，这一点前面已经做过介绍。"我们平时太囿于一己之范围，鼠目寸光，只能看到鼻尖下的事。"蒙田的这句话一针见血地指出了人们身上普遍存在的缺陷，大多数人或多或少都会因这个缘故在职业选择的问题上误入歧途。

为了解决这个问题，在本章，我将带领大家解析我们的大脑，借此发现更多的可能性。你可以理解为，这一步是在"开拓你的未来"。

决定工作幸福感的 7 个关键词

"摆脱视野狭窄的状态，想想其他的职业可能性。"这是个好建议，但恐怕没人能够立即付诸实践，因为我们一旦被某家公司或某项职业吸引了，大脑就会被局限在一个点上。

打个比方，你的钱包不见了，于是你在家里翻箱倒柜，找了半天也没找着，最后却猛然发现钱包就摆在眼前的桌子上……这样的经历谁都有过吧？之所以会发生这种事情，是因为你先入为主地认为钱包一定和平时一样放在抽屉里，或者塞进了外套的内口袋里，从而把"钱包在桌子上"这种可能性彻底排除在了脑海之外。

职业选择也是同样的道理，大部分人一旦看中了某份工作，就立刻变得目光短浅、思想狭隘，再也没法考虑另外的选项。这样下去，永远都找不到最适合自己的工作。

因此，在步骤 2 中，我将向大家逐一讲解决定工作幸福感的 7 个关键词，借此来拓宽我们的思维广度。

步骤 2　开拓未来：决定工作幸福感的 7 个关键词

在步骤 1 中，我已经介绍了"职业选择上的 7 种错误（与人的幸福感无关的职业因素）"，那么接下来要讨论的就是，引领你的职业生涯走向幸福的要素有哪些。假如没有任何可参考的线索或头绪，即使想开拓视野也束手无策。但只要我们弄清楚从事幸福职业需要具备哪些条件，就相当于找到了开启更多选择之门的钥匙。

具体来说，决定工作幸福感的 7 个关键词如下所示。

❶ 自由：有权力决定自己的工作内容和方式。
❷ 成就：能够感受到自己在不断地取得进步。
❸ 焦点：工作的方向与自己的动机类型一致。
❹ 明确：任务、愿景和评价体系都十分明确。
❺ 多样：工作内容丰富多样，并非一成不变。
❻ 伙伴：有需要时公司里的朋友会伸出援手。
❼ 贡献：清楚自己的工作对社会有多大贡献。

以上 7 个关键词是通过 259 项关于工作满意度的元分析得出的，它们的重要性在欧美国家乃至包括日本在内的亚洲各国都是一致的，这一点已经得到了普遍认同。

一份工作，如果不能满足以上这些要素，那么不管它是你儿时梦寐以求的，还是世人无不心驰神往的，最终都不能提升你的幸福感。[1] 反过来说，只要一份工作具备以上所有这些要素，那么即使社会上对它的评价并不高，它也能让你过上幸福的生活。

不过，也许有人会说："我何尝不想拓宽选择？可我根本不清楚世界上有什么样的工作，脑子里连一个大致的方向都没有……"

的确，很少有人从一开始就明确地知道自己想去哪家公司，甚至有的人连自己到底想干哪一行、想从事一般性工种还是技术性工种这种大致的方向都不确定。

不过，请放心，正如我在引言中所说，对于现代人而言，看不清楚未来的职业可能性、陷入难以言喻的不安和迷茫等状态，这都再平常不过了。在本章后半部分，我会介绍一些方法，帮助你明确自己的大致择业方向。所以，哪怕你眼下还没有决定未来想怎么走，也完全没关系，先跟随我来了解一下"7个关键词"，弄清楚幸福职业的必要条件是什么吧。

如果你已经明确地知道自己想走哪条路，还是可以一起来看看后文中的这7个关键词，这样能够帮助你再次确认自己选择的职业道路是否真的能让你收获幸福。那么，下面我们来看具体内容。

步骤 2　开拓未来：决定工作幸福感的 7 个关键词

关键词 1：自由

不自由的职场，比吸烟危害更甚

英国全民酷爱园艺，甚至经常能看见有人下班回家后，又跑到院子里侍弄花草。不管白天的工作多么繁重，下班后，不少人还是喜欢拿出铁锹，继续干体力劳动，并且乐此不疲。

对于此种习俗，作家柯林·沃德是这样解释的：

> 之所以有那么多人喜欢下班后搞园艺，是因为他们可以借此摆脱自己的老板或上司，暂时从单调的劳动中解放出来，不再像个奴隶一样做着重复的工作。从头至尾，整个过程都处于自己的掌控之下，不管做什么、怎么做，皆是本人的自由。一切责任自己承担，与他人无关。这个时候，我们就是自己的上司。

从现代心理学的角度来看，沃德的见解可谓一语中的。工作内容有多少是可以自主决定的，这在很大程度上直接影响着我们的工作满意度。

毫无疑问，没人喜欢被限制自由。假如你提交的工作资料连标点符号都要被上级逐一检查，假如你每次外出都需要得到领导许可，甚至连什么时候休息都必须听从指示——这样的职场，恐怕没人愿意待下去吧。这就是一个微观管理○的问题。

大量研究显示，"自由"是决定工作幸福感的最大要素。在一项针对1380名工人所做的调查中，研究人员基于以下几个要点调查了工人们所在公司的工作自由度。

- 能否自由设置工作日程
- 能否自由选择任务内容
- 能否对薪资待遇和管理制度自由发表意见

调查结果一目了然：职场自由度越大，工人的工作满意度越高，离职率也越低，而且即使在完成压力较大的作业过程中，也不容易产生消极情绪。

除了影响工作满意度之外，自由度还关乎你的寿命。英国伦敦大学以公务员为对象开展了一项调查，按照以下条件把他们分成了两组：

- 有抽烟习惯，但所在组织的自由度较大
- 无抽烟习惯，但所在组织的自由度较小

○ 一种管理风格，与宏观管理的理念相反。这种风格的管理者会密切观察和操控被管理者（员工），使被管理者完成管理者所指定的工作。相对于一般管理者只对较小型的工作给予一般的指示，微观管理者会监视及评核每一个步骤。这个名词一般带有负面的意思。——译者注

步骤 2　开拓未来：决定工作幸福感的 7 个关键词

调查结果表明，不抽烟但工作自由度更小的人不仅更容易生病，而且患慢性病的风险也更高。换言之，工作自由度对我们健康的影响比吸烟更大。[2]

"成就幸福的自由"是否因性别而异

不过话又说回来，世界上不存在完全自由的职场。尽管数字游民⊖人群向我们展示了一种全新的自由工作方式，但只要工作，就会有客户，就不得不接受甲方提出的种种要求。要想在社会上生存下去，有时候必然需要以牺牲部分自由为代价。

这是我们作为社会性动物所必须面对的现实，唉声叹气也没用。摆在我们面前的只有两个选择，一是找工作时尽量挑那些看起来比较自由的公司，二是跟领导或相关人员好好沟通，提高当前工作的自由度。

如果你已经决定进入一家企业工作，那么该企业的员工"对工作时间的选择自由度有多高"，以及"对工作进度的自由裁量权有多大"，这两个问题请你务必尽可能地了解清楚。

此外，根据以往的先行研究，"容易获得幸福感的自

⊖ 一种被数字信息技术赋能的全新生活方式，它的受众特指那些完全依靠互联网创造收入，并借此打破工作与工作地点间的强关系，达成地理位置自由和时间自由，并尽享地理套利红利，随遇而居的人群。——译者注

由"对于男性和女性来说类型有所不同，³这一点也有必要引起注意。

- **女性：工作的场所和时间越自由则幸福感越高。**
- **男性：工作的方式和进度越自由则幸福感越高。**

也就是说，对于女性而言，居家远程办公的形式更为轻松，而且在采用弹性工作制的环境中上班更有可能从工作中感受到幸福。对于男性而言，如果工作期限可以由自己决定，或者任务的优先顺序可以自由安排，那么这样的职场会令他们工作起来更有幸福感。当然，这些因素存在个体差异，但还是可以作为参考的。

不管怎样，自由不是可有可无的问题，它是决定职业幸福的根本要素。做职业选择的时候，请一定要擦亮双眼，看看这份工作能够让你自由裁量的范围有多大。

关键词 2：成就

顶级运动员看重的一个习惯

美国男子游泳运动员迈克尔·菲尔普斯拥有 28 枚奥运奖牌，是史上获得奥运奖牌数最多的运动员。他有一个非常有名的习惯，那就是不管参加什么比赛，赛前两小时

步骤 2 开拓未来：决定工作幸福感的 7 个关键词

都要做拉伸运动，放松全身肌肉，然后在泳池里热身 45 分钟。从热完身到正式上场比赛的这段时间里，他就戴上耳机听听嘻哈音乐。

对此，菲尔普斯的教练鲍勃·鲍曼表示："比赛前一些看似微不足道的行为，可以让他体会到胜利的感觉。"每次做完拉伸运动和热身之后，菲尔普斯都能切实体会到成就感，这种感觉使他可以满怀自信地迎接接下来的挑战。

体育界很早就认识到了这样的"小成就"对运动员来说有多重要，很多运动健将都懂得给自己设定"子目标"，比如本周争取改善泳姿、下周专注提升肌肉力量等，借此来不断积累微小的成就感。

近些年来，科学界也逐渐发现了"小成就"对工作动力有很大的影响。

这方面的研究简直多如牛毛，但其中最有名的当属哈佛大学所做的一项调查。为了找出"增强工作动力的最大因素"，研究团队召集 7 家企业的 238 位商务人士，耗费了 12 000 小时来记录他们工作绩效的变动情况。[4] 在全世界所有关于工作价值的研究当中，这次的调查最全面。

研究结论总结起来就是一句话：

◉ 工作有所进展的时候，最能激发人的动力。

影响工作动力的因素有很多，而在所有因素中，"进步感"的影响力尤其巨大。

即使是错觉，成就感也可以增强人的动力

"小成就"的内容是什么不重要，哪怕它与工作本身毫无关系也不要紧。

比如找到了制订计划书所需的资料，比如消除了让你不得安宁的漏洞，再比如被你的主管夸奖了……

无论是多么小的成就，都会提高你的动力，从而产生"值得去做"的感觉。

有一个更贴近日常生活的案例。美国哥伦比亚大学做过一个实验，[5]研究人员交给被试一张可以在指定咖啡馆使用的集章卡，让他们去买咖啡，集章卡分为以下两种类型：

❶ 写着"购买10杯咖啡即赠送1杯"的集章卡。
❷ 写着"购买12杯咖啡即赠送1杯"的集章卡，并且卡片上已经盖了2个章。

总之，不管是哪种集章卡，都只有买满10杯咖啡后才能免费得一杯。因此正常来说，所有被试去咖啡馆的频率应该是差不多的。然而出人意料的是，两组被试表现出来的结果截然不同。事实上，拿到"购买12杯咖啡即赠送1杯"的集章卡的那一组被试的集章速度远比另一组快。

研究团队将这种现象称为"进步的错觉"。卡片上盖好的2个印章使持卡人产生了一种成就感的错觉，正是这种错觉增强了他们继续消费的动力。没想到仅仅是错觉也能激发我们的动力，看来我们对成就感真是"爱得深沉"啊。

然而，在求职过程中，我们有时很难事先调查清楚某家公司的职场环境是否有助于获得"小成就感"。现代社会很少有企业认识到"小成就"的意义，大多都是把处置权全权交给现场主管。

根据前文中提到的哈佛大学的研究，有大约95%的部门主管认为，增强员工工作动力的最佳方法是给他们涨工资，并且表扬他们……由此看来，要想世人都明白"小成就"的重要性，尚需时日啊。

理解了上述要点之后，我们找工作时就需要重点关注下面这两个问题：

- **如何获得工作反馈？**
- **工作成果与反馈是不是割裂的？**

举个例子，假设你是饭店里的厨师，客人吃了你做的菜赞不绝口，而你有机会亲眼看到这一幕的话，你就能当场接收到反馈结果，从而细细体会那份"小成就感"。

不过，有的饭店规定厨师上班期间只能待在厨房，不能出来，所以看不到客人的反应。尽管为了提高效率，这样规定也无可厚非，但是在这种环境下，必然会减少员工的成就感。

反过来说，不管看上去多么有意思的工作，如果要一个月后才能得到反馈的话，也是很难增强员工动力的。一份工作要为员工设定清晰且明确的目标，并且可以立即给予员工反馈，这才是理想的工作。

关键词 3：焦点

为数不多对择业有帮助的人格测试

步骤 1 中已经说明了人格测试的局限性。目前用于职业选择的人格测试中，大部分都缺乏实际研究数据的支撑，根本无法为求职者提升工作幸福感提供有效参考。

在这种情况下，调节定向理论被认为是少数有助于寻找合适职业的人格测试理论之一。以美国哥伦比亚大学为主的各大学术机构已经通过研究证明，该理论对提升工作表现确实有效。它把人的人格特质分为"促进型"和"预防型"，[6] 具体描述如下。

- **促进型：这类人把工作焦点放在达成目标后获得的收益上。**

  好胜心强，容易受金钱和名誉等外在回报的影响。胸怀大志，非常重视工作效率，态度十分积极，但相应地也存在一些问题，比如对事物各方面考虑得不够深入，往往还没做好准备就开始着手处理。因此一旦遇到困难，导致工作进展不顺，就很容易灰心、气馁，丧失积极性。

- **预防型：这类人将达成工作目标视为一种责任，认为在竞争中绝对不能输。**

  以履行职责为最终目标，时刻让自己处于安全的境地。非常害怕失败，因此工作上小心谨慎，追求准确无误，做事慢条斯理，确保各项事务稳步向前推进。习惯于预先想好可能发生的最坏情况，一旦发现时间不够充裕便感到压力倍增。善于做分析，解决问题的能力强。

大部分人会偏向于这两种类型中的一种，而正因为大家关注的焦点不一样，所以表现出来的工作动力也大不相同。在美国哥伦比亚大学所做的实验中，研究人员给被试下达指令，要求他们写一份报告，并规定必须于三天之内提交。指令的内容分为以下两种形式。[7]

❶ 想象一个写报告的"最佳场所"和"最佳时间",然后想象自己正在撰写精彩的报告。

❷ 想象一个写报告的"最坏场所"和"最坏时间",并想象自己正在努力不把报告写砸。

当然,1号指令适合促进型人格,而2号指令面向的是预防型人格。

按照一般的想法,两组结果似乎不会出现什么差异,然而,实际情况却存在显著不同。那些所受指令符合自身焦点类型的被试按时提交报告的比例比其他类型的被试高出了50%左右。

20多年来,各项相关研究已经证实了调节定向理论的有效性。比如2012年,一项整合了105份先行研究的元分析报告指出,通过把握促进型和预防型这两种类型的区别,可以在一定程度上对个人的职场满意度和工作方式等方面进行预测。[8]日本也有很多这方面的研究实例,比如爱知学院大学就做过一项以295名非全日制学生为对象的调查,调查显示,人的动机类型与工作积极性密切相关。[9]

这么多研究数据告诉我们一个事实:选择符合自身焦点类型的工作方式,更容易发挥出个人能力,工作满意度也随之提高。不管还有没有其他可能有效的人格测试理论,至少就目前来说,像调节定向理论这样集合了如此多高质量研究数据的，实属凤毛麟角。只要我们事先弄清楚自己的焦点类型，就能在职业选择上少走许多弯路。

适合"促进型人格"的工作与适合"预防型人格"的工作

那么，我们不妨来检测一下自己属于哪种焦点类型吧。下面，请看表2-1，其中列出了16个问题，你根据符合程度作答，1分最低，7分最高。

表 2-1

❶ 经常思考如何实现自己的目标和愿望。
❷ 我总是把注意力放在避免让坏事发生上。
❸ 我总是把注意力放在将来想做的事上。
❹ 经常思考如何能未雨绸缪，预防失败。
❺ 个人理想高于一切，致力于实现抱负。
❻ 经常担心无法履行自己的责任和职责。
❼ 经常想象可怕的事情发生在自己身上。
❽ 我总是把注意力放在取得人生成果上。
❾ 试图凭借事业（学业）实现自身理想。
❿ 经常思考如何才能取得良好的成绩。
⓫ 经常思考自己将来想成为什么样的人。
⓬ 经常担心自己无法取得理想的好成绩。
⓭ 经常想象自己的心愿得以实现的画面。
⓮ 试图避免在事业（学业）上出现失败。
⓯ 经常思考自己不愿意变成什么样的人。
⓰ 比起获取收益，我更加重视规避损失。

1：完全不符

2：基本不符

3：有点不符

4：说不清楚

5：略微符合

6：比较符合

7：非常符合

它被称为"监管焦点和工作相关成果量表",在国外非常有名。[10]只要将所有问题的得分按以下分类分别相加,就能判断自己属于哪种动机类型。

促进型：1、3、5、8、9、10、11、13
预防型：2、4、6、7、12、14、15、16

相加得出最终分数之后,看看促进型和预防型哪个的得分多,得分越多,说明你越偏向于该种类型。理论上,也可能出现二者得分相同的情形,但那样的例子非常罕见,绝大多数人都会偏向于其中某种类型。

此外,其他研究显示,大部分人早就在无意间注意到了自己的动机类型,所以他们会不自觉地去选择符合自身焦点类型的职业。我们不妨来看具体实例。

◉ **适合促进型人格的职业**：顾问、艺术家、科技工作者、媒体工作者、广告撰稿人等。

- **适合预防型人格的职业**：办事员、技术人员、财务人员、数据分析员、辩护律师等。

不难看出，促进型人格者适合从事的行业都是非常动态化的，商品或服务内容变化幅度比较大，需要从业人员具备灵活的思维和适应性。

另外，预防型人格者适合从事对办事能力要求高的工作，这类人做事认真仔细，擅长处理复杂数据，他们在那些注重严谨性的行业应该会有所作为。

下面总结一下两种焦点类型各自适合的职业。

- **促进型**：容易感受到进步和成长的职业。
- **预防型**：容易感受到安心和稳定的职业。

无论是促进型还是预防型，它们都是你与生俱来的动机特质，至于能否依靠后天训练来改变，尚未可知。我的建议是不要违抗天性，顺其自然，选择适合自己的职业。

关键词 4：明确

在赏罚不分明的公司上班会影响寿命

作为一名管理者，亚马逊公司创始人杰夫·贝佐斯对

"明确性"的重视是出了名的。

一个比较有名的事例是,在亚马逊急速成长时期,贝佐斯建立了一个全体员工的基础数据库,用于定期记录员工的行为。谁做了对公司成长有益的事,一目了然。

这样做的目的在于明确建立赏罚分明的制度。"有功必赏,有过必罚"是管理的基本原则,但是像亚马逊这样彻底贯彻这一理念的企业相对较少。

我们在前文中说过,人的幸福感取决于与他人的比较。因此,人们对公司内部赏罚是否分明特别敏感,美国斯坦福大学一项调查了228项先行研究的元分析也指出,赏罚制度不明确的公司员工的死亡率及精神病发病率比其他公司更高。[11]

除了要明确赏罚制度外,还有一件很重要的事情,就是明确任务内容。假如员工对自己所在岗位的作业步骤一知半解,或是对任务完成期限难以做到心中有数,任凭他多么爱岗敬业,恐怕也难以发挥积极性。

除此之外,下面这些现象也很常见。

- **公司没有明确的价值观。**
- **公司无法明确员工手头的工作对整个项目的哪个部分有用。**
- **公司没有向员工申明应该对工作的哪个部分负责。**

步骤2　开拓未来：决定工作幸福感的7个关键词

◉ **一位领导要员工立刻把计划书做出来，另一位领导又要他马上去开会……**

所在岗位的职责划分模棱两可，不同上级的指示令人左右为难，甚至感受不到领导层的行动愿景……凡此种种，光是想想就让人提不起士气。大量研究数据也表明，这样的职场环境对我们的工作幸福感有百害而无一利。

"令出多门"有害员工身体健康

我们来看美国南佛罗里达大学的一项元分析。[12] 分析中，研究人员调查了关于工作压力与健康的72项先行研究，对于"在什么样的职场工作有害身体健康"这一问题得出了答案。

结果表明，员工身上出现的慢性疲劳、头痛和消化不良等健康问题与工作任务内容的不确定性有很大关系。其中，造成的影响尤其恶劣的有两点，分别是"工作上对员工的要求不明确"以及"上级的指令不统一"。如果职场存在上述问题，会加重员工的疲劳感，最终容易引发头痛和胃痛等症状。这样的结果，实属意料之中。

在"任务明确化"这点上，亚马逊也做到了无懈可击。

杰夫·贝佐斯是出了名的始终把"顾客第一"作为自己的行动愿景，只要能够提高客户的体验，就算牺牲股东的短期利益也在所不惜。工作上的任务内容也全部基于"是否对顾客有帮助"这个中心点来展开,这样一来,员工做起事来自然不会无从下手。

说一个更细节的例子:在亚马逊,公司每次开会前都必定会给所有与会者派发一份名为"会议手册"的报告资料,要求他们先好好看一遍。会议手册上写的是这些内容:

- 会议的前提和要达成的目标
- 找到问题解决方案的具体方法
- 能在最快时间内展开的解决方案

提前把上述信息整理好,交给与会者查看,就可以使大家明确会议目标。这样做既提高了与会者的积极性,又可以避免造成时间上的浪费。

当然,即便如此,也并不代表亚马逊就是最好的企业。众所周知,亚马逊曾被曝出由于过分追求提升客户体验,以致给承运公司造成了很大压力,许多运输司机被迫接受高强度工作。

尽管从这一点来看,亚马逊似乎存在很多表里不一的地方,但不可否认的是,贝佐斯一贯追求的"明确性"的确激发了员工的动力,使企业实现了爆发式的成长。在做职业选择的时候,我们也一定要了解清楚目标公司是否做到了赏罚分明,以及工作内容是否明确。

- 公司是否有明确的愿景?为实现这一愿景,公司采取了哪些系统化措施?
- 人事评价是如何开展的?对个人贡献与过错的可视化评判机制是否完备?

在面试阶段和与职业中介洽谈的时候,应该重点关注上述问题。

关键词 5:多样

哪怕买彩票中了 500 万,幸福感也只能维持一年

以前的管理理论主张员工担任固定的职务,在同一个岗位上一直干下去。具体来说就是大家各司其职,财务部就只负责算账,企划部则只需要一门心思研究如何拿出好的创意即可。

让员工在某个特定的职位上做到极致,的确可以提升他的专业技能水平,同时能节省成本,使效率最大化,这一思路非常好理解。可是问题在于,管理效率的最大化显然并不一定能提升员工的个人幸福感。一个人再怎么喜欢构思创意,也受不了一天到晚都干这个,偶尔也会想做做

简单的文员工作，或者想体验一下项目管理的工作。

　　心理学有个叫作"享乐跑步机"的理论，它指的是，人不管经历什么样的变化，都会很快习以为常。无论是买彩票中了500万，还是得到了梦寐以求的职位，所产生的幸福感最多也只能维持一年左右，一年过后，就会恢复到原来的水平。[13]"中了500万"这一事实将变成衡量幸福的新标准，于是人们很快又会开始追求更高层次的快乐。

　　享乐跑步机现象的确让人头疼，要想应对这个问题，已知的唯一方法就是采用"多样化思维"。多样化这个词很好理解，它意味着我们在日常工作中能够感受到多种变化。

　　如果一个职场满足以下两个条件，它就能够提升你的工作幸福感：

- ⦿ 可以让你广泛运用自身的各种技能和能力
- ⦿ 业务内容丰富多样

　　美国得克萨斯理工大学一项整合了约200份先行研究的元分析数据报告显示，职场多样性与工作满意度之间的相关系数为0.45，这和之前说的自由与工作满意度之间的相关系数差不多。[14]由此可见，"多样化"也是在职业选择时不得不考虑的关键因素之一。

步骤 2　开拓未来：决定工作幸福感的 7 个关键词

从项目的上游到下游，我能否全程参与

现代企业当中，在践行多样化思维方面做得最好的当属因《玩具总动员》系列动画片而享有盛名的皮克斯动画工作室。

该工作室成立了"皮克斯大学"，坐落于办公大楼旁，每一名员工都可以在这里免费学习各种技能。教学内容从绘画到真人电影拍摄手法，涵盖范围非常广，而在这所学校里学到的技术将来又可以用于制作新动画的项目中。

这一制度原本是皮克斯为防止人才流失而设立的。起初，皮克斯采用的也是死板的职务分配制度，只不过后来，越来越多的员工开始感到工作无聊、乏味，很快便有多名优秀人才被猎头公司挖走。意识到事态的严重性之后，皮克斯终于开始采取措施，导入多样化思维理念，系统性地防止员工对工作感到厌倦。

从旧有管理理论的角度来看，这样的举措很有可能导致利润下滑，但实际上，它却帮助皮克斯及时刹住了"离职风"，最终得以保住优秀人才。长期来看，此举称得上大获成功。

可惜的是，在求职之路上，像皮克斯这样重视多样化的企业实乃可遇不可求。不过，我们依然有必要关注一点：

- 从项目的上游到下游，我能否全程参与？

举个例子，你应聘一家服装公司的销售员岗位。入职后，你发现自己既可以参加新品服装的企划会，又有机会与设计师本人交流设计理念，甚至在成品推广阶段你都能够全程参与！这时候，相比于简单地执行"卖衣服给客人"这一命令，你的积极性一定会更高。因为项目的整个流程都对你开放，这使你产生责任感，也更容易找到工作的意义。

重要的是，从任务的"起点"到"终点"，这一系列过程，你可以参与到哪一步。也许你很难找到一份可以让你参与项目全流程的工作，但你在选择职业的时候应该关注这一点。

关键词6：伙伴

职场遇良友，工作动力提升700%

"辞职往往不是放弃一份工作，而是放弃职场上的人际关系。"

在管理学领域，我们经常听到这句格言，它反映了职场人际关系的重要性，引起了许多人的共鸣。不管我们多么热爱自己的工作，如果每天工作期间都得面对进行职权

步骤 2 开拓未来：决定工作幸福感的 7 个关键词

骚扰的上级或是话不投机的同事，那么我们的幸福感不可能得到提升。

根据日本厚生劳动省的一项统计，只有不到 30% 的日本人对"工作中或私下里会不会和同事说说笑笑"这一问题回答"是"，而当被问到"公司里有没有你可以信赖的上司"时，约 87% 的日本人给出的答案是"没有"。欧美地区开展的调查也揭示了同样的倾向，由此可见，棘手的职场人际关系似乎是令世界各地的人都头疼的一个问题。

美国曾对 500 万人做过一次有名的调查，它充分展示了上司和同事对个人职业生涯产生的影响有多大。[15] 研究团队调查了被试的职场人际关系后，发现了下述倾向：

- **在职场上交到 3 个以上朋友的人，人生满意度提高 96%，同时，对自己工资的满意度提高一倍（即使实际金额没有发生任何变化，只要交到朋友，就会对工资更满意）。**
- **如果能与最好的朋友共事，则工作动力将是原来的 7 倍，工作效率也有所提升。**

尽管这些数据让人很震撼，但不可否认的是，工资的多少以及工作的趣味性等因素无关，和自己的好朋友在同一家公司共事，人生就会变得更幸福。

此外，美国佛罗里达州立大学一项可信度很高的元分析也可以作为参考。[16]这次研究采集了约22万人的反馈数据，进行了更严谨细致的处理，最终得出的结果同样表明社会支持与工作满意度之间有关联。换句话说，如果你在遇到困难的时候，有同事愿意伸出援手，你会更有可能从工作中感受到快乐。

调查一下"与我相似的人有多少"

近些年来，揭示"糟糕上司和同事带来的不良影响"的研究层出不穷。而在这些不良影响当中，比较严重的要数对员工健康方面的损害。许多报告都指出，在人际关系恶劣的职场上班容易影响身体健康。我们来看几个比较有代表性的数据：

- 与在好领导手下做事的员工相比，在讨厌的领导手下做事的员工死于心脏病发作和中风的风险高60%。[17]
- 因讨厌的同事造成心理压力加重的员工即使辞职离开公司，要想恢复到健康水平也至少需要22个月。[18]
- 人际关系恶劣的公司，员工患高血压、高胆固醇血症和糖尿病的概率增加20%。[19]

人际关系恶化对健康造成的影响大得不可估量，它的有害程度甚至高于工作时间过长和福利待遇不好所带来的恶劣影响。如果上班要面对一群自己讨厌的人，那么尽管

步骤 2 开拓未来：决定工作幸福感的 7 个关键词

这家公司业绩优异，也许也不值得你待下去。

总而言之，依照"这家公司的人是否有可能让我产生好感"这条标准去选择职位是大概率不会错的。找工作的时候，不要忘了留意一下公司里有没有看起来好相处的人。

当你把"伙伴思维"运用到职业选择上时，建议你多关注这个要素：

◉ 这个组织里，与我相似的人大概有多少？

能够拉近人与人之间距离的因素有很多，目前最确定的一个事实是，我们更容易喜欢上与自己相似的人。这种心理通常被称为"相似性效应"。双方的思维方式和性格方面的相似度自不必说，就连外貌、衣品、文化背景等也算，不管是哪方面的因素，只要与自己相似，就能增加好感度。

这一点，当你到企业拜访或者参加面试时，稍微留心一下就能有所体会。

关键词 7：贡献

满意度最高的 5 个职业

2007 年，美国芝加哥大学完成了一项涉及 5 万余人、耗时 30 年的职业调研。[20]

研究团队主要调查的问题是："什么样的职业最容易让人满意？"被试来自各行各业，在对他们的反馈进行整理后，研究人员得出了一份"满意度最高的工作"排名，前 5 名如下所示：

❶ 神职人员
❷ 康复治疗师
❸ 消防员
❹ 教育工作者
❺ 画家或雕刻家

显而易见，排名前 5 的职业种类各不相干，工作内容也天差地别。另外，美国与日本的文化背景不同，所以该研究结果不能直接套用到日本身上。

不过，这五个职业都有一个独特的共同点，能够启发我们对于工作幸福感的思考。研究发起者汤姆·W. 史密斯这样评论道：

> 满意度高的工作具备关怀他人、向他人传授新知识或守护他人人生的特点。

的确，排名前 5 的职业，对他人做出的贡献都是显而易见的：神职人员每天聆听信众的烦恼和忏悔；治疗师和

步骤 2 开拓未来：决定工作幸福感的 7 个关键词

消防员救助患者和受灾群众，使他们免遭痛苦；而教育工作者和画家或雕刻家的职责是把新的信息和新的观点传达给受众。

另外，满意度垫底的职业有：仓库理货员、超市收银员、流水线工人等。这些职业并非不好，但它们都有一个不足之处，那就是很难看出自己的工作如何为他人做出贡献。在仓库和工厂上班的人，很难想象自己的行为可以给他人带来欢乐，这便降低了他们的幸福感。

用专业术语来概括的话，这叫作"工作意义感"，它意味着一份工作能够对他人的生活产生多大影响。

选择能够获得"助人快感"的工作

"行事但求有益于人。"这句话虽然听起来有点冠冕堂皇，但事实上，大量研究数据都表明，多行善举的确于人于己都有好处。

一项调查发现，积极参加志愿者活动的人得抑郁症的概率相对更低；[21]另外一项实验也表明，即使是微不足道的善举，只要每天做 5 件，坚持 6 周，就能显著增强你的幸福感。[22]从这点来看，"奉献精神"也是有科学依据的。

人们之所以如此重视为社会做贡献，是因为"善待他人"这一举动可以满足人的以下三种欲求。

❶ 自尊心：为别人提供帮助，会让人觉得"我是一个有用的人"。

❷ 亲密感：亲切待人，可以让人感觉与别人更亲密，远离孤独感。

❸ 自律性：帮到别人的感觉，让人意识到是自己主动选择了自己的幸福，而非受人支配。

这些欲求直接关系到人类的幸福感，不可或缺，如果在职场上得不到满足，人们便无法感受到工作的价值。

脑科学方面的研究也证明了这一事实。现在我们知道，人在做出对社会有益的行为后，大脑里会大量分泌多巴胺——这是一种神经递质，也被称为"激励分子"。[23] 有些瘾君子吸食成瘾物质后感到快乐，正是因为大脑短时间内分泌了大量多巴胺。

因此，一部分专家学者把帮助别人带来的幸福感称为"助人快感"。也就是说，我们根本不需要借助特殊药物，通过对社会做出贡献也可以获得十足的快感。

当然，除了违法违规的职业外，世界上的大部分工作都是对他人有益的。仓库理货员可以让物资流转到需要它的地方去，超市收银员则保证了经济活动的正常进行。

不过，这里的关键在于，人们能否直接看到自己的行为有没有帮到别人，从这点来看，那些与客户互动比较多的工作，或者能够直接与客户对接的职业，无疑更具优势。因此，找工作的时候，可以站在"贡献"的角度进行考察。

把握7个关键词，积极开拓未来可能性

扩充初始清单内容

了解了幸福职业所需的7个关键词之后，让我们进入实操阶段，按照以下步骤，一起来拓宽你的视野吧。

（1）创建初始清单

首先，把你现阶段的就业规划一个不落地写进初始清单里，例如：

- 辞去当前工作，另谋出路
- 从事营销工作
- 到A公司从事营销工作
- 到食品加工企业从事销售工作
- 面向当前客户进行创业
- 留在当前公司，开启副业

怎么写都行，只要把现在你能够想到的对未来就业的想法全部写下来即可。也许你连大致的就业方向都还没想好，没关系，老老实实地写"不知道"就可以了。

（2）利用"关键词"探寻可能性

创建好了初始清单之后，接下来我们可以利用"关键词"来开拓自己未曾设想过的未来可能性。

方法很简单，在考虑求职问题之前，我们先从7个关键词当中挑一个自己喜欢的。选哪个都行，既可以选"自由"，也可以选"成就"，总之挑出一个你喜欢的，只要一个就好。打个比方，假如你决定今天思考"自由"这个主题，那么请你翻回到本书的"自由"这一节，再阅读一遍，重温一下关于自由的观点。然后，随便打开一个求职网站。

这时候，千万不要利用网站的检索功能去设定行业、工种和年收入等条件，而要把网站里显示的所有招聘信息从头到尾浏览一遍。这样做过之后，你会发现——"按时下班""周末双休""月平均加班时间10小时"等词语显得格外醒目……

你开始有意识地关注以往从没留意过的描述，仿佛出现了一种全新的工作可能性，从屏幕上扑面而来。这是因为，事先温习过的关于"自由"的观点牢牢地印在了脑海里，自动引导着你的意识去关注那些可以让你自由把握工作进度的职业。然后，你再把自己感兴趣的就业选择追加到初始清单里即可。

如果你还处在连人生的大致方向都没弄清楚的阶段，那么建议你先到职业工种分类网站看看，了解一下当今有

步骤 2　开拓未来：决定工作幸福感的 7 个关键词

哪些行当，然后再运用"关键词"技巧。

你可以边浏览行业大类，如文员、讲师、商场销售、前台接待、企业营销、话务员等，边像下面这样去创建你的初始清单。

❶ 思考该职业可以套用哪个关键词（比如干营销可以发挥自己的"促进型"特质等）。

❷ 只要遇到你觉得还可以的职业，就把它记下来。

没有什么标准答案，你只要听从内心最真实的反应去选择就可以。

多实践几次，你会发现自己收集到了很多以前想都没想过的职业信息。比如过去你的选择范围很窄，要么做销售，要么做普通文员，但现在，一些新的可能性会自然地出现在你的脑海里，你会想："也许做新媒体也不错，也许我可以多考虑一下加班情况。"

这种现象在心理学上被称为"选择性注意"。即使我们身边充斥着各种繁杂的资讯，大脑也能自动调整注意力的方向，只选择我们认为重要的信息进行接收。

相信很多人都有过类似这样的经历：你身处聚会之中，周围无比嘈杂，你却能清楚地听见别人呼唤自己的名字。这也是"选择性注意"的一个典型例子。

正如先前所说，我们的大脑思维很容易局限在某个特定的点上，一叶障目，不见泰山。让我们切换思维，拓宽视野，说起来容易做起来难。但是，只要给大脑一个提示，比如"今天来思考某某关键词"，那么我们的注意力方向就会半强制性地被大脑切换过去。

另外，如果你的职业选择计划不是那么急迫的话，你也可以在早上起床后，慢慢想一想今天思考哪个关键词，然后一整天都沉浸在这种思考当中。

打个比方，你心里想着"焦点"这个关键词，走出家门，来到街上，不知不觉就开始把你看到的事物与动机类型结合起来思考，比如"便利店收银员是预防型……服装销售是促进型……"这样的想法会自然而然地浮现在你的脑海里，你也随之逐渐豁然开朗。

我会定期地实践这种做法，毕竟，到街上散散步就能令思维开阔不少，这样的感觉真的很不错，建议你也试试。

（3）利用"关键词提问"进一步开拓未来

接下来，我们将以7个关键词作为参考，进一步扩充初始清单里的内容。请你基于各个关键词向自己提问，如下所示。

- **自由**：工作的时间、地点、进度都可以由自己决定，这样的职业或工种还有哪些？

步骤2 开拓未来：决定工作幸福感的7个关键词

- **成就**：员工可以明确无误地接收到工作反馈，这样的职业或工种还有哪些？
- **焦点**：符合我的动机类型特质，这样的职业或工种还有哪些？
- **明确**：任务内容和评价体系都更为明确，这样的职业或工种还有哪些？
- **多样**：从项目的上游到下游全程都能参与，这样的职业或工种还有哪些？
- **伙伴**：职场上有许多跟我相似的、好相处的人，这样的职业或工种还有哪些？
- **贡献**：对他人的贡献更显而易见、能够造福更多人，这样的职业或工种还有哪些？

把你能想到的答案都加到初始清单里去吧。尽管我们很难找到一份能够满足所有关键词的工作，但这一阶段的最大目的不在于此，而在于拓宽你的视野。初始清单是给自己看的，不需要展示给别人，所以你可以随心所欲地写下任何想法。

（4）8个问题，破除枷锁

正式进入"开拓未来"这一步后，还是有很多人思维受限，想不到职业选择的更多可能性。很少有人认真考虑过"提高人们幸福感的职业有哪些共同点"这个问题，所以大部分人依旧无法破除视野狭窄的枷锁，这也是情理之中的。

如果以 7 个关键词作为参考后仍然找不到心满意足的答案，这时候我们可以进一步思考下面这 8 个问题，它们都是用于在心理治疗中提升治疗对象的精神灵活度的，因此对于打开你的思维局限很有效果。

❶ 假如你写在初始清单里的就业选择都行不通了，你还能想到其他哪些可能性呢？

❷ 假如你眼下拥有花不完的钱，你还会选择从事初始清单里填写的工作吗？

❸ 假如你眼下衣食无忧，不用操心任何事情，你还能想到其他哪些就业可能性呢？

❹ 假如你以往的努力（如投入的金钱和时间）都白费了，你还有其他哪些选择呢？

❺ 假如这份初始清单是你朋友的，你会想到给他提些什么建议呢？

❻ 选择初始清单里的选项后，某些事情（如找朋友玩、磨炼营销技能）就没机会做了吗？

❼ 你敬佩的人（已故或虚构的人物也行）看了你的初始清单后，会给你提些什么建议呢？

❽ 能否利用你的人脉（如过去的同事或朋友）开辟出别的就业选择呢？

步骤 2　开拓未来：决定工作幸福感的 7 个关键词

在这一阶段，即使把一些不能套用 7 个关键词的职业工种或生活方式写进初始清单里面，也完全没问题。

能够满足各个关键词的职业固然更容易带给我们幸福，但假如你还是难以舍弃工资高的职业，或者单凭直觉认为某家公司更适合你，那么不妨也大胆地把它们加进你的清单里吧。即使这份工作理论上不能给你带来幸福，也总比落入视野狭窄的陷阱里好。

进一步说，如果你坚持认为工作只是一种赚钱的手段，幸福应当从兴趣爱好中获取，而与从事什么职业无关，那么你也可以把你的这种想法写进清单里。工作时就努力工作，工作以外的时间就专为自己的兴趣而活，这也不失为一种生活方式。人的活法没有贵贱之分，本书的这一阶段，只希望能够帮助你用心发现更多的可能性。

在步骤 2 中，为了开拓你的视野，我们一起了解了提升工作幸福感所不可或缺的 7 个关键词。鉴于人们总是很容易犯"坐井观天"的毛病，以为自己看到的就是整个世界的全貌，所以在做职业选择的时候，这一步是必不可少的。

实际上，你亲自试试就明白了，开拓未来是一件愉快的事。从薪资待遇、工作热情、天职、优势这些既有的束缚当中解脱出来后，不少人都感觉自己的未来仿佛充满了无限可能。请你尽情地享受这一过程，开拓你的未来吧。

(步骤 2　开拓未来)

拓宽你的求职视野，
丰富你的职业选择。

决定工作幸福感的 7 个关键词

1　自由	工作上有自由裁量权吗？ ● 个人对工作时间和工作进度的自由裁量权有多大？ ● 能否自由设置工作日程和任务内容？ ● 能否对薪资待遇和管理制度自由发表意见？
2　成就	能感受到自己在进步吗？ ● 如何获得工作反馈？ ● 工作成果与反馈是不是割裂的？
3　焦点	符合自己的动机类型吗？ （请参照第 75 页）
4　明确	任务和愿景是明确的吗？ ● 公司是否有明确的愿景？为实现这一愿景，公司采取了哪些系统化措施？ ● 人事评价是如何开展的？对个人贡献与过错的可视化评判机制是否完备？

(**Widen your future**)

5	多样	工作内容是多样化的吗？ ◉ 从项目的上游到下游，你是否可以全程参与？
6	伙伴	职场上有朋友帮助你吗？ ◉ 这个组织里，跟你相似的人（能让你产生好感的人）有多少？
7	贡献	对社会做出的贡献大吗？ ◉ 自己的行为给他人带来的有益影响是否显而易见？

开拓未来可能性的工具

1 创建初始清单

2 利用"关键词"探寻可能性

3 利用"关键词提问"进一步开拓未来

4 8个问题，破除枷锁

人们买股票的时候，把各行各业研究得多么透彻；可到了转行换工作的时候，却突然变得一不爱提问，二不做调查。

◎ 鲍里斯·格罗伊斯伯格（1971—）
美国管理学家

〈步骤 3〉

扫除弊病

差劲的职场会有的特征

STEP
3

Avoid evil

妨害幸福职业生涯的因素有哪些

消极的力量比积极的力量强 600%

"'坏'比'好'更强大。"

科学界向来有这么一句格言。它是美国社会心理学家罗伊·鲍迈斯特发表的一篇著名论文的题目,意思是消极的经历比积极的经历对我们的影响更深刻,以至于我们很难彻底把它从头脑中清除出去。

这种现象也可见于生活中的方方面面,比如在一段恋爱关系中,消极事件与积极事件的强度比大约为 5:1。[1] 这就意味着一对情侣每吵一次架之后,就得做出 5 次积极的举动,如送礼物、旅游等,才可以抵消那次吵架产生的消极情绪。

在商业领域,这个数字进一步加码——消极事件与积极事件的强度比达到了 6:1,[2] 也就是说,要想弥补工作中一次失误造成的消极影响,就必须取得六次成功

步骤3　扫除弊病：差劲的职场会有的特征

才行……

这一效应在职业选择上也不例外。

经过步骤2，我们已经了解基于7个职业幸福关键词去开拓未来的可能性，而接下来，我们要解决的一个重要问题就是"负面因素"。

请试想一下：假如你的工作很有意义，不过工作时间太长；你入职了梦寐以求的公司，却不得不忍受令人讨厌的上级；你很喜欢公司的同事，但对领导层的价值观不敢苟同……

无论身处多么自由的职场，或是从事多么有成就感的职业，如果工作环境中存在一个严重的负面因素，便很可能使7个关键词带来的优势尽数消失。

根据脑科学领域的研究数据，我们的大脑处理消极信息只需要三四秒，而处理积极信息并把它存储为长期记忆却需要花费12秒。因此，消极情绪一旦占据了人的头脑，它便会像病毒那样迅速蔓延。

简而言之，如果我们只关注职场积极因素，是不足以提升职业幸福感的。要想从工作中持续稳定地获得幸福感，必须在求职阶段就尽可能将所有消极因素排除掉。

充斥着"弊病"的职场比吸二手烟更有害健康

工作中的"弊病"是什么？对于这个问题，以前做过的几次高质量的元分析已经得出了答案。所谓工作中的"弊病",就是指容易加重员工精神压力的职场条件。

美国组织行为学专家杰弗瑞·菲佛牵头做了一项比较有名的元分析研究,该研究从1972年开始,每年由芝加哥大学以大规模全国调查的形式实施。[3] 研究团队对调查得到的数据进行了详细的敏感度分析,找出了对员工产生恶劣影响的工作条件有哪些。从结论来说,会产生恶劣影响的职场特征主要分为两大类:

❶ 时间混乱
❷ 工作内容混乱

"时间混乱"是指由于工作时间混乱导致员工健康风险增大,具体指的是工作时间方面存在的问题,例如工作时间过长、出勤时间朝令夕改、没有私人时间等。

"工作内容混乱"则是指工作内容和薪资待遇不匹配,致使员工身体健康受损,具体指的是工作内容对员工造成巨大压力,例如工作任务支离破碎,薪酬标准却有失公允等。

在具有这些负面因素的职场上班的人患肺癌和胃癌的概率更高,而且更有可能患上抑郁症和焦虑症,经常出现身体不适,需要频繁去医院看医生,最终比其他人更容易早逝。

关于职场压力对身体的坏处,元分析中的结论是:"在

步骤 3 扫除弊病：差劲的职场会有的特征

职场遭受的压力比二手烟更有害健康。"吸二手烟会增加患肺癌和心脏病的风险，这一点已是人尽皆知的事实。然而，糟糕的职场环境给员工身心造成的伤害比吸二手烟还要高出40%，着实恐怖！

消极特征1：时间混乱

每周轮班三次将破坏人体生物钟

来看看职场上的消极因素如何危害你的身心健康。我们可以把时间混乱的类型分成以下几个小类：

- 轮班工作
- 长时间通勤
- 工作时间过长
- 工作生活失衡

这几种时间混乱都有损人的身心健康，但其中最先需要考虑的是轮班工作。在轮班工作制下，职工工作时间不固定，必须早晚交替上班。根据2014年一项调查了2万名工人的元分析，与有朝九晚五的稳定工作的人相比，每周轮班工作3次以上的人群得糖尿病的风险增加42%，体内胆固醇含量和血压值也远超出正常范围。[4]另外一项研究表明，每年轮班工作时长超过 50 天的人，脑功能指数大幅度降低，把这一数值换算成年龄，与同龄人比较后发现，他们的大脑平均衰老了 6.5 岁左右。[5]

轮班工作之所以对身体这么不好，是因为它会打乱人体生物钟的节律。

人体的设计非常精妙。每当太阳下山，我们体内就会分泌促进睡眠的激素，好让身体适度地休息，以调整好状态。然而，轮班工作制会打乱人体的这种节律，导致睡眠质量下滑，给人的身心健康造成恶劣的影响。

需要采取轮班工作制的工种大多与社会公共设施建设有关，从这一点来说，这种工作方式对社会做出的贡献应该得到肯定。不过，它不可避免地会给人的身体健康造成损害，这也是事实。因此，找工作的时候，我们需要考虑到这一点。

通勤时间太长容易发福，不利于婚姻和谐

我想，应该没人喜欢上下班花费太长时间吧？一节节挤满人的电车车厢像沙丁鱼罐头一般水泄不通，这样的通勤方式只会让人觉得煎熬。近几年的研究数据也显示，通勤时间越长的人，人生越不幸福。

瑞士经济学家布鲁诺·弗雷发表过一篇著名的论文，他对 1985～2003 年开展过的有关职业幸福的调查进行彻

底分析后，得出一个结论：长时间通勤给员工造成的精神压力，需要年收入提高 40% 才能抵消。[6] 举个例子，假设一个人年收入达 400 万日元，但他每天必须忍受长时间通勤上下班，这给他带来的痛苦，需要年收入达到 560 万日元以上才能抵消。

美国加州大学也做过一项调研，他们对 10 万名被试的健康数据进行分析后发现，通勤时间长的人不仅更容易肥胖，而且离婚率也更高。[7] 这意味着，长时间通勤甚至会威胁到你的身材、外貌和婚姻幸福。[8]

之所以会这样，是因为长时间通勤会在无形中侵蚀我们的生活。根据美国布朗大学研究团队的推算，通勤时间每增加 1 分钟，将会引发以下健康风险：

- 运动时间减少 0.0257 分钟
- 睡眠时间减少 0.2205 分钟

日本上班族的通勤时间平均一个来回是 1 小时 17 分钟，大致换算一下，相当于每年凭空消失了大约 63 个小时的睡眠时间。尽管国外的情况与日本不尽相同，不好直接做参照，但考虑到东京都上下班高峰期的堵车程度在全世界都算是出了名的，情况恐怕不容乐观。

找工作时，一定要慎重考虑公司与居住地的距离，毕竟不可能说搬家就搬家。

每周工作时长超过 40 个小时会增加中风风险

众所周知，工作时间过长有害健康。如今，"过劳死"已经成了全世界共同关注的话题。很显然，工作时间过长必然会破坏我们的人生幸福。

关于工作时长与健康风险之间的关系，这里举几个具体的数据。

- 每周工作时长不超过 40 个小时，不会出现明显问题。
- 每周工作时长达到 41～48 个小时后，中风风险增加 10%。
- 每周工作时长超过 55 个小时，中风风险增加 33%，患心脏病风险增加 13%，患糖尿病风险增加 30%。

以上均为真实数据，来自一份历时 8 年的追踪调查，调查对象涵盖了欧美和日本等地约 22 万人。[9]

数据表明，每周工作时长超过 40 小时后，身体开始受到损害；而超过 55 小时后，人的身心就会开始崩溃——这在世界各地都是一样的。虽然日本厚生劳动省划定的"过劳死警戒线"是月加班时间 80 小时，但其实早在达到这一标准之前，早死的风险就已经开始上升了。

休息日加班造成的精神压力连本人都无法察觉

根据前文所说的元分析结果，在时间混乱的各种情况下，对人体伤害最大的当属"工作生活失衡"。它意味着

步骤 3 扫除弊病：差劲的职场会有的特征

在私人时间里也忙工作，而这种行为的恶劣影响比吸二手烟要严重得多。

具体的研究数据也不少，比如一项历时 5 年、涉及约 2600 名被试的跟踪调查就指出，不懂得将工作与生活划清界限的人患抑郁症的概率提高 166%，患焦虑症的概率提高 174%。[10]另外一项调查了近 2000 人的研究也发现，把工作带回家的人的幸福指数会下降 40%。[11]

工作生活失衡对身体不好的原因不言自明。人要想充分发挥工作效率，必须适当地休息，恢复精力，如果私人时间被工作占据，身体得不到必要的休整，自然会导致压力倍增。

然而，更大的问题还在于，只要在私人时间对工作上的事情稍加考虑，我们的幸福感就会直线下降。

英国开展过一项有关工作生活平衡的研究，研究团队采访了从事金融相关行业的商务人士，[12]询问他们平时会把多少工作带回家，并要求他们用专业的测量仪器记录自身的压力水平。

之后的两个月时间，研究人员采集到了所有数据，然后注意到以下这些事实。

- 休息日或下班后，只要稍微考虑一下工作上的事情，人的压力水平就必然会增高。

- 因为考虑工作上的事情而增加的那部分压力无法通过运动或按摩放松缓解。
- 大部分人明明身体已经出现了压力反应，面对提问时还是回答"我不觉得有压力"。

最可怕的应该是最后一点吧？打个比方，星期天你在家休息，突然想到有份文件不知道准备好了没有，就是这样的一个念头，使你在不知不觉中产生了压力，无形当中损耗了心神。

尽管这个问题主要也因个人性格而异，不能一概而论，但至少我们在找工作的时候，应当尽量避开那些连休息日都会照常收到上司的消息，或者把休息日加班视为理所当然的公司。

消极特征2：工作内容混乱

为什么"自由的工作方式"实际上没有自由

接下来要谈的是工作内容混乱带来的影响，我们照例先把它分成以下几个小类：

- 雇佣关系不稳定
- 公司里缺乏社会支持

步骤3 扫除弊病：差劲的职场会有的特征

◉ 工作上没有自由裁量权
◉ 组织内部存在很多不公平现象

其中，"工作上没有自由裁量权"和"组织内部存在很多不公平现象"所对应的"自由"和"明确"这两个关键词已经在步骤2中提过了，在此不做赘述，只对另外两点进行简单的说明。

首先是雇佣关系不稳定。它指的是工作形式或内容不稳定，比如同事突然被解雇、订单来得断断续续等，这会对身体造成恶劣影响。

下面要讲一个比较有难度的概念：零工经济。引用零工经济的相关数据有助于我们思考雇佣关系不稳定的问题。所谓零工经济，是指个人不与企业签订长期劳动合同成为其雇员，而以独立工作者的身份签订短期合同，承接临时项目。这种职业形式对工作地点和时间均没有限制，可以实现"自由生活"，备受人们青睐。

尤其近几年来，随着"个人的时代"等新兴概念被提出，日本政府也加大了对自由职业者和个体工商户的支持力度。在这样的背景下，"不做正式工""公司的概念将退出历史舞台"等言论也冒了出来。许多人大受刺激，急忙开始努力学习各种自由职业所需的技能。

可零工经济究竟是不是通往幸福的"康庄大道"，这个问题还要打上一个大大的问号。

举例来说，2018年，牛津大学采访了658名亚洲国家的自由职业者，调查他们通过网络承接临时项目是否提升了人生的满意度。[13]结果发现，起初大家都很满足于如此自由的工作形式，但时间一长，他们的身心健康都出现了受损迹象。

原因很简单，收入和工作日程的不稳定，以及对找不到下一份工作的担忧直接转化为巨大的精神压力，随着时间的推移不断累积。另外，作为自由职业者，要想定期获得稳定的工作机会，必须维持比正式员工更好的口碑，还需要自己准备购买保险等基础保障的费用——这又何尝不是一大心理负担？

美国芝加哥大学社会学系教授詹姆斯·埃文斯在一项调查报告中指出，硅谷的自由职业者大多都没能感受到原本期望的自由，反倒为了维持高评价而使自己陷入窘境。[14]他们所谓的"新时代的工作方式"其实并不像看上去那么自由。

不过，也有一些研究数据支持"零工经济可以提升幸福感"的结论。

例如欧洲工商管理学院就在一项研究中指出，零工经济模式下的自由职业者的心理健康方面得分比正式员工平均高出33%左右。许多人都认为，本书前文中提到的"自

由裁量权的增加"正是零工经济的一大优点。[15,16]

看起来两方面的数据似乎是互相矛盾的,实则不然。许多支持"零工经济可以提升幸福感"的研究数据也揭示了另外一个很重要的事实——掌握高度专业的技能更容易发挥出自由职业的优势。

简而言之,具备统计学或语言学方面专业技能的人才从事自由职业可以提高幸福感;而那些在外包平台不断承接低薪兼职的人却会因此变得不幸福。不管在哪个领域,专业度高的人才总是更容易取得成功,这是理所当然的事情,自然不能拿来作为推崇零工经济的理由。选择固定职业还是自由职业本身并没那么重要。

缺乏社会支持的职场和吸烟一样有害

2012年,谷歌成立调研团队,启动了"亚里士多德计划"。该计划旨在探索如何优化现行工作方式,提高员工工作效率。研究人员采访了公司内部180个活跃团队,试图找出高效团队与普通团队的本质区别究竟在哪儿。

最终,他们得出结论:一个完美团队所需的必要条件是心理安全。所谓心理安全,指的是成员对所在团队的信任感,它意味着团队成员相互之间充分信任,即使有人把事情办砸了,或是犯下某些低级错误,其他成员也不会嘲笑他，还会适当地给予帮助。

与心理安全的重要性比起来，其他因素对团队的影响没有很大。比如，一个团队，无论领导者的才华多么出众，无论各成员的个人能力多么优秀，把这些因素跟心理安全放在一起比较时，它们所带来的优势变得不那么重要了。

谷歌的这一发现，其实就是一直以来心理学上说的"社会支持"这个概念。与职场同事交情的好坏，很大程度上关系到我们的职业幸福，这一点从20世纪70年代开始就广为人知。此外我们还发现，若一个人在公司里交不到好朋友，他便更容易得心脏病和癌症。

作为参考，我们来看2010年做的一项元分析。[17]这项分析以大约30万人为对象，调查了社交支持与死亡率的关联性，结果发现，在公司里无缘得遇好上级、好同事的员工比对照组早逝的概率平均高出50%左右。

研究团队指出，这比缺乏运动和吸烟造成的危害还要大。说句玩笑话，如果一个人想死得快些的话，与其每天一包包地抽烟，不如找一家缺少社会支持的公司待下去……

社会支持之所以对我们如此重要，是因为人类演化至今，已经成了一种社会性动物。

原始人类最初的生存环境中充满着危险，只有和关系

步骤 3　扫除弊病：差劲的职场会有的特征

好的同伴聚集在一起生活，才能够抵御外敌侵袭，才可以获取足够的食物。在这样的环境下，人类慢慢进化出了一种能力——一旦发现身边没有自己的同伴，就会本能地产生危机感。

进入某家公司之前，我们很难判断该职场是否存在社交支持，因此在找工作的时候，首先要确认以下几点。

- 有没有迹象显示公司的内部竞争很激烈？
- 主管对员工的绩效反馈体系是否完备？反馈评价是否完全依赖管理层的主观决策？
- 是否建立了一套完善的制度来保障员工的产假、育婴假和健康补助金等各项权益，是否向员工发出"有困难公司会帮忙"的信息？
- 公司内部会定期举办什么样的交流活动？

总结职场中的 8 种弊病

至此，破坏职业幸福的职场中的 8 种弊病已经全部介绍完毕。

根据前文中提到的几个元分析结果，如果将这 8 种弊病按其危害程度从大到小依次排列，就会得到这样一个排名：

❶ 工作生活失衡
❷ 雇佣关系不稳定
❸ 工作时间过长
❹ 轮班工作
❺ 工作上没有自由裁量权
❻ 公司里缺乏社会支持
❼ 组织内部存在很多不公平现象
❽ 长时间通勤

整体来看，影响较大的是"工作负担重"和"工作不稳定"这两点。如果你已经找到了心仪的公司，请立刻对照一下，看看它是否存在这些问题。

当然，我们不可能在求职阶段就看清楚一家公司是否存在上述问题，但还是应该主动想办法从职业中介或面试官口中侧面打听这些职场负面因素。让人意外的是，现实中竟然很少有人会这样做。明明工作是决定人生方向的大事，可人们往往到了面试环节就没有勇气发问，这样的例子实在太多了。

哈佛大学管理系教授鲍里斯·格罗伊斯伯格有一句名言："人们买股票的时候，把各行各业研究得多么透彻；可到了转行换工作的时候，却突然变得一不爱提问，二不做调查。"[18] 在面试的时候，由于不想给未来的上级和同

步骤 3 扫除弊病：差劲的职场会有的特征

事留下不好的印象而不敢积极地发问，这似乎是全世界求职者的通病。

不过，只要你是真心想找到适合自己的工作，就没必要犹豫不决。你可以大大方方地询问你的面试官，也可以直接找该公司的老员工求教。"绩效评定制度是否完善？""公司的内部竞争是否激烈？""工作上的自由裁量权有多大？"……关于前面列举的职场中的 8 种弊病，你都可以问一问。

如果对方面对问题三缄其口，或者露出一脸不耐烦的表情，总之就是给不出明确的答复，这时候你就要引起注意了，这家公司八成有问题！

助力你找到幸福职业的决策工具

缩小清单范围

读到这里，你已经掌握了三把关于职业选择的重要"标尺"。

❶ 无关职业幸福的因素（步骤 1：职业选择上的 7 种错误）

❷ 关乎职业幸福的因素（步骤 2：决定职业幸福感的 7 个关键词）

❸ 破坏职业幸福的因素（步骤 3：差劲的职场会有的 8 种弊病）

工作幸福指数的高低取决于这些因素是否达到了平衡。当然，要想找到一份满足所有幸福要素的工作绝非易事，不管多么好的公司，也必然会存在减分项。比如，有的职场虽然同事很讨人喜欢，但领导不近人情；有的工作虽可以激发人的热情，却通勤时间太长。如果你追求十全十美，恐怕永远也找不到满意的工作。

为了解决这个问题，接下来我将带领大家了解一些重要的方法，助你找到当前最可能使你获得幸福的工作。在这一步，我们将以"三把标尺"为准则，思考什么样的工作才是最适合自己的，把在步骤 2 中创建的职业候选清单的范围进一步缩小。

具体使用的方法有 3 个，它们都是用于商业投资等场合的决策方法，将它们用于工作选择的决策中，可以提高你找到好工作的概率。下面依次向大家介绍。

Level 1：正反分析法

从 18 世纪开始，"正反分析法"就是一种十分常见的决策方法，它没有太多复杂的步骤，适合用来决定大致的方针。当你因"该不该辞职"或"该不该跳槽"这类简单的

步骤 3 扫除弊病：差劲的职场会有的特征

二选一问题左右为难时，这种分析方法往往能帮上大忙。

"正反分析"的英文是 Pros and Cons，它来自拉丁文单词的缩写，Pros 表示"赞成"，Cons 表示"反对"。具体的做法就是针对某项抉择，列举出它的优点和缺点。

（1）记述问题

请你像表 3-1 的示例那样，在表格首行用肯定句式写下困扰自己的问题。比如，当你不确定该不该辞职的时候，就写"辞职"；当你为该不该跳槽而犹豫不决时，就写"跳槽"。

表 3-1 正反分析法示例

辞职			
优点	重要度	缺点	重要度
可以远离讨厌的领导	5	工资减少	4
可以拿到离职补偿	3	离职补偿金缩水	2
人事考核可以重新开始	1	养老金缩水	1
可以转换心情	5	可能使个人简历看起来不光彩	2
		在新的职场一切都要从头做起	3
		福利待遇大不如前	1
合计	14	合计	13

（2）列明清单

接下来，把你能想到的这样做可能有哪些优缺点都填上去。你可以写"工资减少"这种可量化的指标，也可以写"转换心情"这种主观感受。只要是你认为的优点（利）和缺点（弊），都可以填进表格里。

（3）计算分数

列举完所有优缺点后，下面开始对它们的重要程度进行评分。觉得重要性最高的，就给满分 5 分，觉得几乎不重要的，就给 1 分。

（4）最终判断

最后，把各个优缺点的得分相加得出总分。如表 3-1 所示，优点的总分比缺点的总分多出 1 分，那么就目前来说，"辞职"应该是利大于弊的。

Level 2：矩阵分析法

正反分析法操作起来简单方便，但它不适合用来处理多个决策选项。当你面对若干个备选项，要从中挑选出唯一答案时，你需要借助更复杂一些的工具。

这种情况下，"矩阵分析法"就派上用场了。它是由美国设计工程师斯科特·皮尤开发的一种分析方法，能够使人们在决策时不受情绪影响，有效地提高客观判断力。现如今，美军甚至会用它来制定战略决策。[19] 下面介绍它的具体操作流程。

（1）列出评价准则

首先，仿照表 3-2，把前文中了解过的"关乎职业幸

步骤 3 扫除弊病：差劲的职场会有的特征

福的因素"和"破坏职业幸福的因素"填入最左侧的"评价标准"那一列。

表 3-2

评价标准	权重	A公司	B公司	C公司
工作生活的平衡		3	4	2
雇佣关系的稳定性		2	3	2
工作时长		2	2	1
轮班工作		1	2	5
通勤时间		3	3	1
自由（工作上的自由裁量权）		3	2	3
成就（有无反馈制度）		2	3	2
明确（任务、愿景、评价的明确性）		3	2	2
多样（项目全程的参与度）		2	1	2
焦点（动机类型）		3	3	4
伙伴（有无社会支持）		4	2	2
贡献（对他人做出的贡献显而易见）		2	3	5
合计				

示例中列出的因素有 12 种，如果其中某些是你目前不需要考虑的，你可以把它删除。比如，假若你正在考虑的几个候选公司都不存在"轮班工作"的情况，你就可以把"轮班工作"划掉。当你不确定该采用哪些标准时，不妨先照搬示例中给出的参考。

（2）列出决策选项

把你有意向的工作候选全都填入最上面一行里。示例中列出的是具体的公司名称，但若你暂时没有明确到这一步，不妨填写"企业营销""文职工作"等大方向，或者写"生产制造""新闻媒体"等行业大类也可以。

（3）填写重要度

在各个单元格里填写相应项目的重要度，最高为5分。如果是"非常好"就写5，如果是"非常差"就写0。

举个例子，假设你了解到"A公司的工作时间较长"，就在"A公司"与"工作时间"的相交单元格里写上0或1；假设你判断得出"B公司的工作自由度较高"，就给它打上4分或5分。如果暂时不清楚详细情况，无法判断，则先凭印象打分，等掌握了新的情报后再改分数也不迟。

（4）确定权重

给每项评价准则设置一个权重，最高为3分。请审视各项评价准则，如果你认为它"非常重要"就写3，"还算重要"就写2，"一般"就写1。

（5）最终判断

将各个决策选项的"重要度"分值与"权重"分值相乘，算出所有结果。全部计算完毕之后，再将各项得分依次相加得出总分。如表3-3所示，所有决策选项中，C公司得分最高，因此我们可以认为，它就是当前最值得选择的公司。

步骤 3　扫除弊病：差劲的职场会有的特征

表 3-3

评价标准	权重	A公司	B公司	C公司
工作生活的平衡	3	9	12	6
雇佣关系的稳定性	1	2	3	2
工作时长	2	4	4	2
轮班工作	3	3	6	15
通勤时间	2	6	6	2
自由（工作上的自由裁量权）	3	9	6	9
成就（有无反馈制度）	3	6	9	6
明确（任务、愿景、评价的明确性）	1	3	2	2
多样（项目全程的参与度）	1	2	1	2
焦点（动机类型）	1	3	3	4
伙伴（有无社会支持）	3	12	6	6
贡献（对他人做出的贡献显而易见）	3	6	9	15
合计		65	67	71

Level 3：层次分析法

最后介绍的这项决策方法名为"层次分析法"，它是由美国统计学家托马斯·L. 塞蒂受命为美国国防部解决裁军问题时研发出来的一套方法。现如今，层次分析法在微软公司的品质测定、宾夕法尼亚大学的教授选拔、美国农业部的人员管理等方面得到了广泛的应用。[20] 除此之外，全世界多所大学还开设了专门的教育课程对它进行研究和探讨。

这种分析方法所用到的判断材料不仅涉及客观数据，而且可以加入个体的主观喜好，因此对于解决"职业选择"这类个人方面的问题也十分适用。虽然它的流程相对复杂一些，比较难以掌握，但在所有提高决策准确度的工具当中，它无疑是最好的。

（1）第1级设置

如图3-1所示，先设置自己的最终目标，如"找到最好的离职去向""决定要不要换工作"等，只要是与职业选择有关的都行。

（2）第2级设置

之后，列举出前文中的"关乎职业幸福的因素"和"破坏职业幸福的因素"。示例中列出的因素有12种，如果其中某些是你目前不需要考虑的，请把它删除。当你不确定该采用哪些因素时，不妨先照搬示例图中给出的参考。

（3）第3级设置

把达成第1级目标所需的决策信息写下来。假设目标是"找到最好的离职去向"，就在第3级罗列出想去哪几家公司；假设目标是"决定要不要换工作"，那么只要填"换"和"不换"就可以了。

步骤 3　扫除弊病：差劲的职场会有的特征

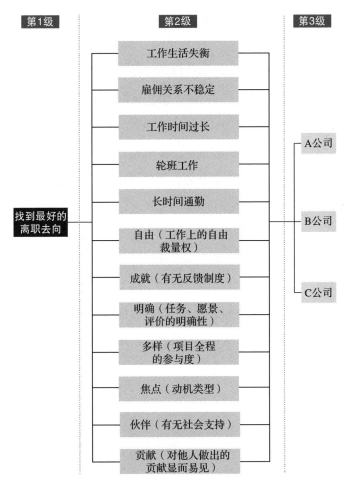

图 3-1　层级图

（4）设置第 2 级评价值

原本在正式的层次分析法流程中，接下来必须针对所有因素逐个进行分析，但为了避免计算过于繁杂，我们这里使用简化后的版本。请你按照以下步骤给第2级列举的各项因素评分。

首先,根据列出的项目数确定评分方式。举个例子,示例中的项目有12个,所以需要分配的数值也有12种,即1、3、5、7、9、11、13、15、17、19、21、23。同理,如果项目数为3,则用到的分值就是1、3、5,依此类推。打分用的数值也可以是偶数,不过用奇数更便于之后进行运算。

其次,按照第2级的各项因素在你心目中重要度排名的先后,把刚才定好的数值依次分配下去。重要度越高的项目给予的分值越大,反之亦然。

重要度高低与否,完全可以依据你的主观印象做出判断。如果你凭感觉认定某个项目相对来说更重要,就请给它安排一个大一点的数字。

也许有人会问:"凭主观决定真的靠谱吗?"其实,开发出层次分析法本来就是为了对人的直觉和第六感等感性部分进行合理的归纳梳理,所以在目前这一步,你可以放心地让自己的主观做决定。

如果你把握不准各项因素的重要度,可以参考步骤3中的8种弊病排名。正常来说,这些重要度的分值是需要根据实际情况定期修正的,因此请你填一个暂定的数值即可。

步骤 3 扫除弊病：差劲的职场会有的特征

（5）算出第 2 级重要度

基于第 2 级中各项因素的评价值，计算其重要度。这里手算太麻烦，可以借助 Excel 表格的公式。算法为：重要度 = 各项因素评价值 ÷ 评价值总和。

举个例子，在表 3-4 当中，12 个项目的评价值合计为 144，其中"工作生活失衡"这一项的重要度就是 15÷144=0.10（小数点后第 3 位四舍五入），每个项目都用同样的方式算出结果就可以了。

表 3-4　第 2 级重要度

	评价值	重要度
工作生活失衡	15	0.10
雇佣关系不稳定	13	0.09
工作时间过长	7	0.05
轮班工作	9	0.06
长时间通勤	1	0.01
自由（工作上的自由裁量权）	19	0.13
成就（有无反馈制度）	17	0.12
明确（任务、愿景、评价的明确性）	11	0.08
多样（项目全程的参与度）	5	0.03
焦点（动机类型）	3	0.02
伙伴（有无社会支持）	21	0.15
贡献（对他人做出的贡献显而易见）	23	0.16
合计	144	1.00

（6）算出第 3 级重要度

第 3 级也需要和第 2 级一样，算出各个项目的重要度。在这一步，首先对第 2 级的各项因素以及你列举的求职方案进行评分。

以表 3-5、表 3-6、表 3-7 为例，试着计算出"工作生活失衡"这一因素下各项方案的重要度。首先，对比 A 公司、B 公司、C 公司这三个候选方案，好好想想 3 家公司的工作生活平衡情况到底怎么样，确定它们的评价值。设置分值的时候，可以像第 2 级那样，凭感觉分配。粗略采用以下评分标准即可。

5= 良好

3= 一般

1= 恶劣

表 3-5 "工作生活失衡"的第 3 级重要度

	A 公司	B 公司	C 公司	合计
评价值	5	3	1	9
重要度	0.56	0.33	0.11	1

表 3-6 "自由（工作上的自由裁量权）"的第 3 级重要度

	A 公司	B 公司	C 公司	合计
评价值	5	1	3	9
重要度	0.56	0.11	0.33	1

步骤 3 扫除弊病：差劲的职场会有的特征

表 3-7 "焦点（动机类型）"的第 3 级重要度

	A 公司	B 公司	C 公司	合计
评价值	3	5	1	9
重要度	0.33	0.56	0.11	1

在示例当中，A 公司的工作生活平衡情况被判定为良好，所以给 5 分；B 公司判定为一般，所以给 3 分；最差劲的是 C 公司，只有 1 分。

这里有 3 点需要特别注意。

- **运用主观与客观进行评分**。设置评价值的时候，可以同时运用主观和客观判断。假如当前你已经掌握了确切的信息，了解到各家公司的工作生活平衡情况，那么你可以依据客观数据进行评分；而如果你尚未调查到相关信息，那么根据主观感受做出判断即可。

- **严禁出现同分情况**。在某些实际决策案例中，两家公司的工作生活平衡情况有可能是差不多的，让人很难分出高下。这时候，如果将二者的评价值都设置为 3 分，会给最终的判断造成困难。所以，请务必给每个决策选项都设置递阶分数，区分优劣，哪怕只是基于印象判断也无妨。

- **评价值的数量要配合项目数**。示例当中只比较了 A 公司、B 公司和 C 公司这三个方案，但在实际决策案例中，想必也存在方案数超过 3 个的情形。这样的情况下，就需要配合项目数量增设更多的评价值。

接下来，继续按照"单个项目评价值÷评价值总和"的公式把各项目的重要度算出来。在示例当中，三家公司的总评价值是9，那么A公司关于"工作生活平衡"的重要度就是5÷9=0.56（小数点后第3位四舍五入）。以此类推，把第2级所有项目在各个决策对象中的重要度都计算出来就可以了。

虽然步骤颇为烦琐，但为了尽可能提高决策准确度，我们必须对比每个项目的重要度。因为人类大脑并不擅长同时对多个项目进行判断，当一下子面对大量选择的时候，我们很容易失去冷静的判断力。

这时候，只要对每个项目逐一进行比较，就可以明确各个决策对象的优缺点，从而帮助我们做出更合理的判断。这种方法叫作"两两比较"，是进行正确决策不可或缺的方法。

（7）综合评价

计算出所有项目的重要度之后，将全部数值合并，进行最终评价。我们继续以"工作生活失衡"这一因素为例，逐步向大家介绍。

①**查看第2级和第3级重要度**：首先查看第2级重要度（参照表3-4），我们在这一步计算出了"工作生活失衡"的重要度是0.10；其次查看第3级重要度（参照表3-5至表3-7），这里我们计算出的"工作生活失衡"对A公司的重要度为0.56。

②**重要度相乘**：把"工作生活失衡"的重要度与A公司的重要度相乘，结果为 0.10×0.56=0.056。

③**再次将重要度相乘**：接下来，把第2级中的"自由""焦点"等各项因素的重要度逐一与第3级A公司的重要度相乘。全部计算完毕之后，用同样的方法继续计算出B公司和C公司的所有重要度乘积。

④**计算出第3级重要度的总和**：最后将第3级各个项目的重要度相加，得出总分。如表3-8所示，将A公司在"工作生活平衡""自由""焦点"等项目下的重要度相加得到的数字，就是对该公司的最终综合评价。同样，也要计算出B公司和C公司的相应数值。

表 3-8 综合评价

	工作生活平衡	自由	焦点	综合评价
A公司	0.10×0.56	0.13×0.56	0.02×0.33	0.1354
B公司	0.10×0.33	0.13×0.11	0.02×0.56	0.0585
C公司	0.10×0.11	0.13×0.33	0.02×0.11	0.0561

⑤**对比综合评价数值**：最终，根据各方案的综合评价数值进行判断。在示例当中，A公司的数值为0.1354，是最高分，因此在3个备选方案里，应该优先考虑选择它。

至此，层次分析法运用完毕。它的步骤看上去似乎颇为复杂，但只要利用Excel表格的公式计算，其实也并不会太费时间。这种方法当然不能保证一定能帮你选到最好的职业，但只要完整执行它的每个步骤，最终必然可以提高你的决策准确度。

另外，这种分析方法也不是"一次性"的，一旦往后你调查到了新的信息，或是自己的价值观发生了变化，你的评价通常也要相应地做出改变。而且在步骤4里，我们还将介绍其他强化决策准确度的方法，届时，你的评价值估计又会有所不同了。

总而言之，层次分析法就像一块指南针，可以在"职业选择"这件充满不确定因素的事情上指引你前进的方向。当然了，求职路上没有唯一的正确答案，但只要知道大致的方向，我们必然可以走得更踏实、更安心。

在本章，我向大家介绍了找工作之际应该考虑的职场中的问题，以及有助于筛选出合适职业的几种分析方法。不管使用哪种方法，求职成功的概率都会比你漫无目的地寻找来得更高。

然而，科学正确的职业选择并不止步于此。过去的相关研究发现，求职时，仅仅分析企业数据和自身喜好还不足以使人做出准确度高的决策。

那么，阻碍我们做出正确职业分析的因素有哪些？诱导你在职业选择上犯错的"罪魁祸首"又是什么？答案就在步骤4。

〔 步骤 3 　扫除弊病 〕

请尽可能排除职场上的消极因素，
然后缩小你的选择范围。

差劲的职场会有的 8 种弊病

1 工作生活失衡
× 休息日也照常发来工作消息，休假时处理工作成了理所当然

2 雇佣关系不稳定
× 担心突然被解雇，失去工作和收入

3 工作时间过长
× 每周工作时长超 41 小时

4 轮班工作

5 工作上没有自由裁量权

6 公司里缺乏社会支持
× 组织里的内部竞争过于激烈
× 从不举办交流活动
× 未建立绩效反馈机制，完全依赖管理层的主观决策
× 没有各种休假待遇和补助金等，没有向员工发出"有困难公司会帮忙"的信息

7 组织内部存在很多不公平现象

8 长时间通勤

3 个决策工具

1 Level 1：正反分析法

2 Level 2：矩阵分析法

3 Level 3：层次分析法

我们最容易欺骗的人是自己。

◎ 爱德华·布尔沃—利顿（1803—1873）
英国政治家

〈 步骤 **4** 〉

明心见性

消除认知偏差的方法

STEP
4

Keep human bias out

认知偏差是人脑的"漏洞"

令决策质量提升 600% 的"规则"

在步骤 3 里,我们进行了职业选择的分析,利用量化的数值对各个决策选项进行了筛选。比起毫无头绪地凭直觉做选择,这样做无疑能够得出更好的判断。

不过,一次正确的职业选择并没有就此结束。要知道,我们的大脑里存在某些生来就有的严重"漏洞",这使我们即使再怎么缜密地分析企业的财务报表,或者进行深刻的自我剖析,最终也难以做出正确的决策。

证据就是,近年来管理学等领域也开始流行起一个观点,即"分析情报时一定要把头脑里的'漏洞'先补上"。

举个例子,麦肯锡咨询公司曾经针对 2207 名公司高管进行过一项实验,研究人员首先采集了这些人最近一段时间做过的决策(数量达上千种),如"是否应该投资其他业务""是否应该发展新的事业"等,调查他们所做的这

步骤 4　明心见性：消除认知偏差的方法

些商务决策取得了什么样的成果。[1]

当时，研究人员尝试从以下两个侧面调查这些高管人员的决策方式。

- **做决策之前进行了怎样的数据分析？**
- **是否提前制订了决策规则（步骤）？**

结果在预料之中——大部分高管人员在做决策之前都进行了大量的数据分析，如开展敏感度分析以应对各种不确定性、使用高精度经济模型等。他们基本都采取了这种决策方式，因此他们会利用详尽数据来把握融资的可能性。

但与此同时，几乎没有人会提前制订好决策规则，例如询问他人的意见、收集团队内部的反对声音、设想发生最坏情况时如何应对等，像这样基于分析内容提前制订好决策步骤的高管人员实在是少之又少。

随后，研究人员调查了两种不同决策方式各自取得的收益情况，结果发现这样一个事实：

- **要想做出正确的决策，制订一个消除大脑"漏洞"的规则比做详细的数据分析重要 6 倍！**

是不是很惊讶？如果不事先制订好一个解决大脑"漏洞"的规则的话，无论用多么精密的数学模型进行分析，你还是很有可能做出错误的决策。

关于这一点,研究团队表示:

> 我们绝不是在否定"分析"本身的意义,看看本次实验的研究数据就知道,使用合理的规则做出的决策,基本上都离不开优质的分析。这是因为,借助合理的规则去掉大脑里的"漏洞"后,某些低水平的分析自然就被决策者排除了。

换言之,只要有效地去除大脑里的漏洞,就能显著提高你的决策正确率。要做到这一步绝非易事,但它的意义远比数据分析更大,我们没有理由不这样做。

聪明人也可能答不上来的谜题

我们大脑里与生俱来的这种"漏洞",在行为经济学上被称为"认知偏差"。现实生活中,人们总是会以某些固定的模式犯错,这种现象就是认知偏差导致的。

举个例子,请你思考下面这个谜题。

> 一对父子出了交通事故,父亲被送到了附近的医院,儿子被送到了别的医院。幸运的是,儿子被送往的医院的院长医术高超,远近闻名,儿子的抢救手术将由这位院长亲自操刀。
>
> 可是,见到被抬进手术室的儿子,院长却

步骤 4 明心见性：消除认知偏差的方法

说道："我没办法给他动手术，因为他是我的儿子，我害怕万一有个失手……"

这到底是怎么回事呢？难道出交通事故的父亲是这个儿子的继父，而院长才是他真正的父亲？还是说，此事另有隐情？整件事情看似不可思议，答案却非常简单，因为院长是位女士，她是那个儿子的母亲。

这个谜题被实际应用于心理学方面的研究，在所有被试中，能立即说出答案的也只有不到两成。大部分人听到问题后，首先就认定院长是男的，而不思考其他的可能性。这就是认知偏差的基本模式。

认知偏差的种类有很多，光是目前已经得到研究确认的就有170种以上。它们当中，有的会令我们决策失误，有的会扭曲我们的记忆，有的会搅乱我们的人际关系，从方方面面诱导我们走上错误的道路。

认知偏差在职业选择上同样有负面影响，"确认偏差"就是一个典型代表。它指的是个人有选择性地搜集有利细节，忽略不利或矛盾的信息，来支持自己的既有想法或假设。比如一个人认为"自由的工作方式是当今时代的最佳选择"，那么他就只会关注那些自由职业的成功案例，并且只会跟持有同样观点的人来往。

人一旦陷入这个思维陷阱，便会对某些大企业的正面新闻或自由职业的失败案例视而不见，最后甚至还会贬低那些观点跟自己不同的人，这样的例子屡见不鲜。

我们需要克服的认知偏差很多，除了"确认偏差"之外，这里再简单介绍几个容易妨碍我们做职业选择的偏差类型。

◉ 锚定效应

人们在进行决策时，决策选项提出的先后，会产生截然不同的选择。举例来说，假如你在考虑换工作的时候，一开始看中了一个年收入500万日元的岗位，从此以后，"年薪500万日元"就会变成你的求职标准，即便你读了步骤1，心里清楚薪资待遇不是职业选择的关键，也还是会情不自禁地嫌弃年收入少于这个标准的岗位。

◉ 真相错觉效应

人们只要反复见到或听到某件事情，就会认定它是真实的，并对其深信不疑。像"未来的工作方式将颠覆传统规则""今后的时代考验的是个人能力"这类观点，即使没有任何数据支撑，只要通过新闻网页等渠道一遍又一遍灌输给人们，久而久之也会被他们当成事实。

◉ 聚焦效应

在求职过程中，如果人们过分关注某些因素，就会很容易高估它的影响力。举个例子，如果你觉得谷歌公司的伙食很丰富，希望自己找的公司也能有这么好的食堂，那么"公司伙食好"带来的优势在你眼里就会放大；如果你认为"员工福利好"是不能让步的条件，那么重视员工福利的公司在你看来就会比实际还要好。

◉ **沉没成本效应**

假如你先前已在某件事情上投入了大量时间和金钱的话，即使继续投入没有任何好处，你也还是会倾向于这种选择。如果你在一家公司勤勤恳恳干了很多年，那么就算现在业绩再怎么不好，你恐怕也很难立刻下决心辞职。要与自己的过去割舍绝非易事，但不这么做的话，必然会降低你的职业幸福感。

◉ **情感偏差**

即使有确凿证据证明自己的想法是错的，人们心理上还是倾向于寻求能激发正面、愉快情绪的信息。的确，没人愿意接受残酷的现实，但如果过分逃避消极情绪，反而容易把关注点放在一些没有参考价值的信息上，比如"要从事自己喜欢的工作"或"十年后最有前途的企业是××"等。这种现象，相信大家都有所体会。

"愚蠢的都是别人"

读到这里，也许有人感到心情沉重，毕竟当被人指出自己无意中做出了错误的判断时，没人高兴得起来。承认自己的错误，对任何人来说，滋味都并不好受。

但是，这个时候感到心情沉重，恰恰是一个非常好的兆头。因为，这个问题最棘手的地方就在于，大多数人听完只会觉得的确有好多人存在认知偏差，却不认为自己也是其中之一。"愚蠢的都是别人，我才不会有认知偏差呢。"这样想的人不在少数。

生活中常常会出现这样的现象，求职的时候自不必说，就连选择结婚对象或投资对象等决定人生走向的重大场合，许多人也只懂得利用有限的信息草率地做出决断。而且，绝大部分人甚至根本没有意识到这一点。

一些以心理学专业学生为研究对象的实验报告指出，不管这些学生平日里读了多少关于认知偏差的论文，当被问到"你有没有认知偏差"时，大多数人都回答说"我自己当然没有"。凭借认知偏差相关研究获得诺贝尔经济学奖的丹尼尔·卡尼曼目睹这一"惨状"，不禁感叹"心理学成了纸上谈兵"。[2]

我自己也是如此，常常稍有不慎便陷入这种"众人皆醉我独醒"的思维陷阱，每次都要努力运用后文中介绍的

步骤4　明心见性：消除认知偏差的方法

技巧，方能从认知偏差的泥淖中脱身。如果你读完上文中关于"确认偏差"的解释后，并未受到什么启发，还觉得与自己无关的话，说明你很可能已经一只脚踏入了认知偏差的泥沼。

不过，话又说回来，就算再怎么强调要消除自己身上存在的认知偏差，个人的力量也是有限的。认知偏差是基因深深埋藏在我们大脑里的顽固"漏洞"，稍有松懈，它便会乘虚而入，占据我们的思维。而且，我们甚至根本意识不到自己的思维已经被"劫持"了。但是，假如要我们每时每刻都注意自己的思维是否有偏差，这恐怕也不现实。

因此，我们应当谨记的是，提前设置好特定的规则，小心谨慎地把自己的认知偏差找出来。只有对每一个决策选项都一视同仁地进行验证，才能确保自己走的路是对的。

那么，什么样的规则可以消除那些妨碍我们寻找合适职业的认知偏差呢？

正如前文所述，认知偏差的种类实在太多了，采取各个击破的办法绝非上策。要是我们一个问题、一个问题地解决下去，等终于找到合适自己的职业时，人生恐怕已经走到尽头了。

因此，接下来我将介绍的是能够帮助我们远离认知偏差的总括性规则，其内容主要分为"时间操作系"和"视角操作系"这两大类，先尝试哪一种都可以。请先通读一

145

遍内容，选取适合自己的方法。

如果你利用下文中介绍的技巧发现了自身的认知偏差，请立即对我们在步骤 3 中做的矩阵分析和层次分析的分值进行修正。

举个例子，假如你在消除认知偏差的过程中发现，对你而言，符合自身焦点类型的工作比想象的更重要，那么——在矩阵分析中，你需要增加"焦点"项目的权重；在层次分析中，你需要给第 2 级"焦点"因素分配更高的评价值。

同理，假如你发现自己高估了 A 公司的工作生活平衡情况，就请把"工作生活平衡"项目下 A 公司的评分分值降下来。这样的修正工作要做到什么程度为止，并没有一个明确的标准，但可以肯定的一点是，消除认知偏差的工作做得越彻底，决策准确度基本上就越高。在做出最终决策之前，看准时机，找出自己身上存在的认知偏差吧。

根据时间做决策的方法

正如步骤 1 所述，我们对未来的预测非常不准确，因此在做决策时，我们常常忘记要把将来的愿景清楚地描绘出来，不经过大脑就做出行动，往往因为讨厌某份工作就冲动地提出辞职，或者想当然地选择看似有前途的企业。

步骤 4　明心见性：消除认知偏差的方法

时间操作系规则就是用来解决这个问题的。我们的最终目标是，尽可能清楚地描绘出将来的愿景，规避"鼠目寸光"式的决策。

方法 1　10/10/10 测试：如果这样选择，10 年后我会有何感受

"10/10/10 测试"法是由美国商业记者苏西·韦尔奇开发的一种决策框架，[3] 使用方法很简单，只要针对每个选项思考以下 3 个问题：

❶ 如果这样选择，10 分钟后我会有何感受？
❷ 如果这样选择，10 个月后我会有何感受？
❸ 如果这样选择，10 年后我会有何感受？

像这样运用短－中－长的时间线，暂时把只顾眼前的认知偏差抛在一边，这就是"10/10/10 测试"的目的所在。举个例子，假设你正在烦恼该不该换工作，于是你利用这种方法对未来进行设想。

- **10 分钟后**："如果我现在决定辞职，10 分钟后应该已经从讨厌的工作中解放出来，感到神清气爽吧。"
- **10 个月后**："一开始的解脱感应该已经有所淡化，而且为了努力适应新工作，也顾不上考虑这些了吧。但恐怕不至于因此后悔辞职。"

- **10 年后**："对 10 年后的我而言，此刻的烦恼恐怕早已无关紧要了吧……但 10 年前决定换工作应该没有做错。"

在这个示例中，最终得出的结论是应该换工作。不过，每个人的想法不同，有的人可能判断留在当前公司比较好，有的人可能觉得从长期跨度来看，"该不该换工作"这个问题设置从根本上就是错误的。但无论如何，比起一时冲动做出判断，借助这种方法无疑可以得出更准确的结论。

自我扩张，得到更高的判断力

可惜"10/10/10 测试"并非通过正式审查的学术研究，但是设想未来的自己的确有助于提升判断力，许多数据都支持这一点。

哈佛大学做过一次以 81 人为研究对象的实验，[4] 研究团队要求所有被试花 5 分钟时间想象一下"近过去""近未来"或"远未来"的自己。实际上，就是让他们分别设想自己过去或未来的场景，比如"几天前我在干什么""几十年后我在从事什么样的工作"等。

随后，研究人员向被试提出了若干个问题，比如"去森林或雪山旅游时应该带什么装备"等，借此来调查所有人的判断力是否与之前有所不同。结果发现，差异十分明显。与其他组的成员相比，设想了"近未来"和"远未来"

步骤 4　明心见性：消除认知偏差的方法

的实验组成员的记忆力有所提升，面对考查判断力的提问时，有更大概率做出优秀的回答。

通过设想未来就能提高判断力，心理学上把这种现象称为"自我扩张"。

比如只是简单地思考"该不该换工作"这个问题，人的思维容易局限在"当前"的自己身上，没办法突破想象的框架。但是，只要试着去设想自己未来的明确形象，你就能深刻地体会到，当前的选择直接决定了自己的未来。于是，最终你将更有可能做出长远性判断。

说实话，我也经常一有机会就运用"10/10/10 测试"来辅助自己做决策。比如从待了很多年的出版社跳槽到别家公司的时候，比如辞去正式工作转为自由职业的时候，大大小小的抉择之际，我都会想象一下 10 年后的自己是什么样。现在的我，尽管经历了不少波折，但总算作为自由职业者过上了稳定的生活，这或许应该归功于我会定期进行自我扩张吧。

方法 2　pre-mortem："事前验尸"让预测准确度提高 30%

pre-mortem 作为一种消除认知偏差的方法，自 21 世纪以来，得到了哈佛商学院等学术机构的广泛运用。它的命名基于医学用语 post-mortem（死后验尸），直译过来就叫作"事前验尸"。

这个名字听起来吓人，但其理念很简单，它的重点就在于，以失败为前提进行决策。这种方法反常规而行，即有意设想自己职业选择失败的场景会是什么样，借此将认知偏差造成的影响降至最小。

它的效果已经得到诸多研究数据证实，根据宾夕法尼亚大学的一项研究实验，被试使用"事前验尸"法后，对未来的预测准确度平均提高了30%。[5]在商务领域，这种方法多被用作管理工具，不过由于近年来它的有效性得到广泛认可，最近也逐渐用于指导职业选择。下面是它的具体步骤。

（1）设想失败

想象3年后的未来，假设你的选择以彻底失败告终，那会是什么样的场景……

跳槽到新公司后，被迫干自己根本不感兴趣的工作；公司业绩一塌糊涂，前景堪忧；换工作的同时失去了此前积累的所有人脉；工资虽然涨了，但工作量太大，没有私人时间……

这些彻底失败的内容由你自主设定。你需要一边思考"一旦行差踏错后果会如何"，一边在心里设想对你来说最坏的结果是什么，花5~10分钟的时间，把你对未来的失败设想写在纸上。

也许有人觉得，描绘自己的失败，只会使人灰心丧气。但是，为了预防前文介绍视野狭窄时提到的自我评价过高的问题，最好的办法就是主动设想最坏的未来。

（2）探索原因

接下来，找出上面设想的"彻底失败"发生的原因，写在纸上。想想自己平时容易在哪些地方"栽跟头"，把你能想到的现实合理的原因都写出来。

如果一时想不到失败原因，可以试着思考下面这些问题：

- 如果我选择的每份工作都不对，会怎么样？
- 我凭什么认为我想去的这家公司适合自己呢？
- 我凭什么认为我想去的这家公司未来有前途呢？
- 我在找工作时有没有被外表光鲜的工种或头衔蒙蔽了双眼？
- 如果我现在的上司不在了，我会改变对当前所在公司的评价吗？
- 如果当前所在公司的业绩向好，我会打消换工作的想法吗？
- 我的上一份工作干得出色，在多大程度上得益于同事、上级帮忙或公司的平台？
- 假如新公司的薪资待遇跟现在相差无几，我还会坚持换工作吗？

- 如果我选择这份工作,会对我至今建立起来的人脉产生影响吗?
- 现状不尽如人意,有没有可能不是环境的问题,而是我自己的原因?
- 我凭什么认为我对正在做的职涯规划考虑得足够充分呢?

(3)回顾过程

列举出失败的原因后,按照时间顺序将失败的过程详细地描绘出来。举个例子,假设失败在于"跳槽后薪资待遇不公平导致工作没有热情",那么具体过程可以这样写:

由于当初时间仓促,只在网上搜索了一下新公司的概况就决定参加面试了。

↓

面试时没向负责人问清楚该公司的业绩评定方式。

↓

入职半年后发现,同事干的活比我少,工资反而比我高。

像这样,想象你从做出决策到彻底失败的前因后果。通常来说,把失败过程的整个时间轴分成两三个阶段来设想会比较方便。

这一步的重点在于你能够将失败过程刻画得多么详尽细致,比如面试时没把关键问题了解清楚而悔恨不已,遭遇薪资待遇不公平时感到怒不可遏等,诸如此类的情感细节都要设想得好像真实发生过一样。这样做的确会带给人不好的感受，但越是这样，越有机会摆脱"确认偏差"的影响，做出正确的职业选择。

（4）考虑对策

这一步要针对上述失败情况考虑解决方案，想想怎么做才能防患于未然，例如，事先向老员工了解该公司的业绩评定方式，面试时也要问清楚；重新审视自己的职业选择规划，设置更合理的日程。

制定好预防失败的对策后，接下来对职业选择的流程进行二次调整。

在运用"事前验尸"法的过程中，如果你发现自己太过于看重金钱，就暂时把薪资因素抛在一边，重新筛选决策对象；如果你觉得跳槽计划太简单仓促，就在制订日程时留出一定的缓冲余地；如果你认为当前这份工作其实也没有那么差劲，就重新考虑要不要跳槽。

像这样，针对各种各样的失败情况，制订明确的解决计划。在以往关于"事前验尸"法的研究中，许多人都是在这一步发现"前期调查不够充分""考虑问题目光短浅""离职原因实为逃避人际关系冲突"等问题的。

再强调一遍，一个人无论多么理性，在做决策时准确度也可能有偏差。要想避免出现这个问题，不管你相不相信自己的判断，都一定要利用"事前验尸"法进行自检才行。

根据不同视角做决策的方法

认知偏差问题，归根结底是因为人最不了解的其实是自己。给别人出谋划策时讲得头头是道，对于自己身上发生的问题，却不懂得如何正确处理，相信不少人都有这类烦恼吧。

这种现象在许多实验中都能看到，通常被称为"所罗门悖论"。这一命名来源于古代以色列的国王所罗门，他是一位赫赫有名的智者，但对于自己身上发生的问题，却常常是束手无策。

视角操作系规则就是一种有效解决所罗门悖论的方法。正如它的字面意思，它是一种通过控制改变观察视角来克服认知偏差的方法，可以提高我们的判断力。

方法3　第三人称决策笔记：模仿恺撒可以提高决策准确度

我们经常听到的一个建议是，要以不同的视角看待问题，但难就难在这一点上。要是能这么轻易做到运用多视角分析方法，求职就没那么辛苦了。

这时候，"第三人称决策笔记"就派上用场了。它的名字来源于拉丁语单词"ille"（第三人称），是一种以他人的视角记述自身行为的修辞手法。古罗马政治家尤利乌

步骤4 明心见性：消除认知偏差的方法

斯·恺撒就曾在《高卢战记》中用"他包围了城镇"这样的说法来讲述自己做过的事。

第三人称决策笔记也是同理，重点在于以第三人称的口吻记录自身行为。这最初是由加拿大滑铁卢大学提出的一种消除认知偏差的方法。一项以300人为研究对象的实证研究证实了它是行之有效的。[6]

研究团队首先请被试说出当天做过哪些决策，以及其中最令他们难以抉择的是哪个，然后让他们回想一些日常的烦恼和问题，比如想辞职，或者跟上级闹矛盾了之类的。

接下来，研究团队要求他们把这些日常的烦恼以第三人称的视角写成日记，用他人的口吻把自己做决策的过程写下来，例如，"正在纠结要不要辞职的他打开了求职网站，在上面寻找条件更好的工作。"每篇日记耗时15分钟，一天一篇。

四周后，研究团队对被试进行了多次测验，结果发现，每天写一篇第三人称决策笔记的被试发生了惊人的变化。以第三人称记录自身烦恼的实验组变得更善于站在他人的角度考虑问题，能够从多个观点出发想出问题的最佳解决方案。

撰写论文报告的伊戈尔·格罗斯曼说："我们发现，只要以第三人称想象自己做决策，就可以轻松去除认知偏差。利用这个方法，我们一定能够更明智地处理问题。"

155

在做职业规划之际,请务必尝试用第三人称的方式记录自己日常所做的决断。

这样写"决策笔记",找到合适工作的概率大增

"第三人称决策笔记"的操作步骤如下。

❶ 一天结束时,用第三人称写下自己当天做过的关于求职的决策内容。

❷ 至少花 15 分钟写完每篇日记,段落要在两段以上。

这里写的内容,一定要包含以下几点。

◉ 决定了什么事?
◉ 做出决定的经过是怎样的?
◉ 做决定时参考了哪些依据?
◉ 做此决定是为了实现什么结果?
◉ 做完决定后感受如何?

我们来看两个具体的示例。

某制衣厂通过招聘求职网站发来了邀请信息,他抱着试一试的心态,在网上搜索了一下后发现,该工厂生产线的一部分是他们自己制造的。

这一点符合他所看重的"多样化思维",因此他决定参加该企业的"一日实习"活动,希

步骤 4 明心见性：消除认知偏差的方法

望在现场参观时能够亲眼看看该企业的多样性有多丰富。参加实习的决定使得求职活动又向前推进了一步，这让他感觉良好。

她不知如何是好，暂且决定参加一场由某求职活动团体主办的群组讨论会，希望对自我分析有帮助。会上，有人建议她着重宣传自己学生时代专修过统计学一事，于是她决定基于这一点制作简历模板。做完后，她体会到一丝成就感，但这样做是否真的有效呢？她似乎对此毫无自信……

撰写第三人称决策笔记主要有两大好处。第一，关于决策的记忆从此无法被篡改，这一点很重要。

人的大脑喜欢往有利于自己的方向篡改记忆。打个比方，你去参加一场面试，发现这家公司还挺不错的，尽管你去之前只是稍微上网调查了一下对方的概况而已，但以后回想起来时，你的大脑会不自觉地改写实际"剧本"，让自己相信"是我的调查发挥了作用"。如果不对这种状态加以调整，你的职业选择的准确度就不可能提高。

写决策笔记的第二个好处就是，可以让我们的决策模式一目了然。日后回读日记的时候，一定可以从字里行间发现自己的某些倾向，例如"原来我总是喜欢关注那些光鲜亮丽的行业……""看来我这人容易过分相信网友的点评……"等。就这一点来说，第三人称决策笔记比那些蹩脚的自我分析工具更能启发我们正确审视自己。

相信很多人在做职业选择时都会做记录、整理求职笔记，但笔记内容大多是关于企业或研讨会的现场氛围、面试的提问和回答，以及自我分析等内容的记录，而很少有人会把自己日常所做决策的经过记下来。今后，如果你参加了某次求职活动，请一定记录下自己的决策。

方法 4　依靠朋友：你甚至能从朋友口中问出自己的寿命

在改变视角这件事情上，一个不可或缺的因素就是你的"朋友"。要想消除你的认知偏差，最好的办法就是求助于你的亲朋好友。

美国心理学家约书亚·杰克逊对 20 世纪 30 年代一项 600 人参与的人格测试进行了二次分析后，得出了上述结论。[7]这次测试的数据包含了对每名被试各自 5 位亲友的访谈记录，可以借此对比"被试本人报告的自己的性格"和"朋友眼中的被试的性格"。

分析结果表明了以下两点事实。

步骤4 明心见性：消除认知偏差的方法

- **比起被试本人的报告，被试朋友对他做出的性格判断要准确得多。**
- **被试朋友就被试"寿命"做出的判断也更准确。**

朋友不仅知道你的个性和为人，就连对你"可能死于多少岁"预测的准确度都比你本人预测的准确度更高。

组织行为学方面的研究也得出了类似的结果，研究人员让150名军人评价他们长官的才干，结果发现，下属对上级领导能力的预测比本人所做的更准确。[8] 人们都以为自己是最了解自己的那个人，但实际上，自我评价是不可靠的。

更有趣的是，就算是一个根本不认识你的陌生人也可能对你做出相当准确的评价。

2005年美国塔夫茨大学就做过一个著名的实验。[9] 研究人员从美国顶尖企业的CEO中挑选了业绩良好的25人和业绩欠佳的25人，把所有CEO的面部照片展示给跟他们毫无关联的被试看。结果，大部分被试对这些CEO的领导能力和业绩水平做出的评估都相当准确。

为什么毫无关联的陌生人也能判断出一个人的能力，理由尚不清楚，但毫无疑问的是，他人做出的判断更不容易受认知偏差影响。下次做决策的时候，请记得参考他人的意见。

"强关系"才是现代最好的求职工具

你听过"弱关系"这个词吗?

它是由美国社会学家马克·格兰诺维特在他的论文《弱关系的力量》中提出的一种理论,简单来说,就是指在找工作的时候,交情不深的朋友往往更能帮到我们。

格兰诺维特采访了过去5年内有过换工作经历的商务人士,以调查他们在寻找新工作的过程中,最有用的信息源来自何处。结果发现,大部分人都是通过朋友或熟人了解到有价值的职业信息,其中的83%更是借助跟原先职场之外的人建立的"弱关系"成功找到了工作。

"弱关系"更容易带来成功的原因不难理解。

像亲友或同事这类人与你维系着一种"强关系",你们的生活环境通常都差不多,因此通过他们获取到的信息,大体上都是同质性信息。而你的远房亲戚或跟你在酒会上认识的交往不深的朋友,他们的生活大概率跟你不同,所以从他们身上更容易获取你不知道的职业信息。

这一研究结果迅速风靡世界,也给商业界带来了莫大影响。如今,在日本的职业研讨会等求职活动中,这个词有时会被用来表达"弱人脉"的重要性。不仅如此,你还能经常看到有人提倡利用跨行业交流会或网络社交平台来结识更多的"点头之交"。

步骤 4　明心见性：消除认知偏差的方法

然而，或许是由于"弱关系"理论名声过盛的缘故，在此后的研究中，对该理论的几次补充修正都鲜为人知。格兰诺维特的研究是 20 世纪 70 年代初进行的，很多方面已经不适用于现在的就业市场了。

2014 年，美国印第安纳大学人类学教授伊拉娜·格申做过一项有代表性的研究。[10] 和格兰诺维特的调查一样，格申也采访了许多商务人士，搜集了 380 份跳槽案例，对"弱关系"理论在现代就业市场的重要性进行了二次验证，调查结果如下所示。

- 借助"弱关系"跳槽成功的案例只占到总数的 17%。
- 跳槽成功的人里面，有 60% 的人表示是自己的亲友和同事等"强关系"发挥了作用。

从过去到现在，人际关系的重要性并没有发生改变，但在现代社会，亲友、同事、上司等跟自己关系密切的人似乎对我们找工作的帮助更大。产生这种变化的原因有很多，其中最大的一个原因应该就是"信息工具变得发达"。

过去的人找工作只能依托报纸广告或招聘杂志，这种情况下，如何获取未知情报就成了决定成败的关键。然而到了现代，人们可以很方便地通过招聘网站或企业官网等渠道了解职业信息，这样一来大大提高了找工作的效率。不过与此同时，也产生了下面这些新的问题。

- 就业选择太多，让人目不暇接，容易陷入认知偏差。
- 大量求职者应聘同一份工作，很难彰显自己的优势。

要想解决这类现代社会特有的求职问题，最好的办法就是借助"强关系"。

正如前文所述，越是跟自己关系密切的人，越能看破我们的认知偏差。而且，在求职的过程中，如果能得到同事或老客户的引荐，则更容易从众多竞争者中脱颖而出。因此，在求助于招聘网站或职业中介之前，不妨先跟亲密的同事、领导或客户商量商量，这样能使你的求职成功率大幅上升。

提升反馈效果的三个方法

明白了朋友的重要性后，接下来看看哪些方法可以帮助我们正确地接收反馈。直接向朋友寻求建议当然也是有用的，但如果能把握住下面这几个要点，就能取得更好的效果。

1. 360度反馈法

"360度反馈法"是商务领域一种常见的反馈方法。与以往人事评价都只交由上级或主管负责这一点不同，360度反馈法是要接受同事、客户、办事员等各类人群的评定。

从20世纪50年代开始，这种方法的优点就得到了商界的广泛认可，近年来更是被广泛用于各大学校、医院和政府机关部门。来自朋友、上司、合作伙伴、父母、社区同好等各类人群的反馈越多，就越能增加你的职业选择准确度。

另外，根据美国 Lominger 咨询公司的研究，来自他人的反馈的准确度会因你与对方的交往时长而异，[11] 具体如下所示。

- 结识 1~3 年的朋友给出的反馈，准确度最高。
- 结识 1 年内的朋友给出的反馈，准确度次之。
- 结识 3~5 年的朋友给出的反馈，准确度最低。

之所以会出现这种现象，可能是因为交往时间太长的朋友有时会顾念私情，不愿意讲真话；而结识不到 1 年的朋友，又因交情太浅，认识不全面，难以给出充分的反馈。以上虽然只是一些大致的指标，但还是可以在接收他人反馈时用作参考。

2. 封闭式提问

向他人寻求职业建议时，正确设置提问非常重要。举个例子，如果你采用开放式提问，比如"这份工作你怎么看""你对换工作有什么想法"等，由于提问范围太广，对方一时之间很难做出合适的回答。

这种场合下，应该运用"假想性封闭式提问"方法。

来看几个提问范例。

"我觉得,要是跳槽到那家公司,应该能更好地发挥我在上一份工作中学到的技术,对吗?"

"我一点儿也不喜欢现在这份工作,我想不如干脆辞掉,这样能更积极地投入下一份工作,你反不反对?"

像这样能用"是"或"否"作答的提问,对方回答起来也更容易。所以,在运用360度反馈法的时候,建议你要采用具体的封闭式提问。

如果想不到怎么提问比较好,就问问自己:"我想通过这个决定取得什么样的结果?"这样一定能够帮助你想到具体的提问内容。

3."脑补"好朋友

即使你身边没有一个与自己维系着"强关系"的朋友也有办法。实际上,只要跟想象中的朋友进行对话,也能在一定程度上摆脱认知偏差的影响。

在滑铁卢大学开展的一项实验中,[12]研究人员对被试下达了这样的指示:

步骤 4　明心见性：消除认知偏差的方法

请想象一下目前困扰着你的问题发生在了你的好朋友身上，你的朋友处在跟你一样的困境之下，请你仔细想象这位朋友会有何感受。

随后，研究人员通过几次心理测验调查了所有被试的判断力，结果发现，想象好朋友遇到麻烦的那一组被试，做出冷静、综合性判断的概率比对照组更高，因为这些人提高了找到困难问题的合适妥协点的能力。

之所以会出现这种现象，可能是因为站在朋友的角度进行想象，可以把"自己的问题"转化成"他人的问题"。

我们之所以不能很好地处理自己身上发生的问题，归根结底是因为当局者迷，所以我们往往无法看清问题的实际面貌。但是，只要想到"这是别人的问题"，我们就可以纵览全局，思路也变得游刃有余，人的思维便从"见树不见林"的状态升级为"见树也见林"的状态了。这一方法可以按照下面的步骤进行运用：

❶ 选取一个你正在烦恼的就业问题（如"该不该换工作""该不该去那家公司"等）。
❷ 想象这个问题发生在你最好的朋友身上。
❸ 想象你可以给困境中的朋友提出怎样的建议。

这种消除认知偏差的方法非常简单，但能使决策质量平均提升20%左右，赶快收藏起来吧。

我们最容易欺骗的人就是自己

这一章主要向大家介绍了消除认知偏差的方法，它们都非常有助于我们寻找合适职业。有意思的是，尽管我如此强调消除自身认知偏差的重要性，实际尝试这么做的人却并不多。毕竟，忠言逆耳，每个人都倾向于认为自己的选择是正确的。

但即便如此，我还是要再强调一遍，认知偏差是每个人与生俱来的"漏洞"，没有人能摆脱它的影响。

研究发现，那些取得优秀成果的商务人士做决策时往往都会严格关注自己的认知偏差，其中80%以上的人会有意识地寻求他人的反馈。[13]而与之相反，在那些长期做不出成绩的人里面，只有不到20%懂得在工作中关注自己的认知偏差。

"我们最容易欺骗的人是自己。"爱德华·布尔沃－利顿一语道破的这句真理，从科学上讲也是无可争议的事实。如果不想办法摆脱这种长期自我欺骗的恶性循环，你恐怕永远也无法找到适合自己的职业。

(**步骤 4 明心见性**)

发现自己身上与生俱来的"漏洞"(认知偏差),
重新审视自己的决策。

消除认知偏差的 4 种方法

1 10/10/10 测试
如果这样选择,10 分钟后、10 个月后、10 年后我会有何感受?

2 "事前验尸"
①设想失败 ②探索原因
③回顾过程 ④考虑对策

3 第三人称决策笔记
每天花 15 分钟用第三人称记录自己当天做过的有关职业选择的决策

4 依靠朋友
360 度反馈法、封闭式提问、"脑补"好朋友人生成功的秘诀,不是做自己喜欢的工作,而是喜欢上自己做的工作。

◎ 歌德(1749—1832)
德国诗人

〈步骤 5〉

价值重构

提高工作满意度的行动计划

STEP
5

Engage in your work

判断工作满意度的方法

"我对这家公司并没有太大的不满……"

在前面4个步骤中,我们已经把职业选择的准确度提高了很多。

步骤1,剔除了与职业幸福无关的因素;步骤2,导入了提高工作满意度的7个关键词;步骤3,主动避开了破坏职业幸福的"元凶";步骤4,把误导我们做职业选择的认知偏差纠正了过来。

按照以上步骤去做,就可以提升你的决策准确度。

然而,人生的选择也没有"绝对"一说。即使把前期调查做得再细致,即使对决策选项进行了战略性的筛选,在这些过程中也可能出现纰漏。

失败对任何人来说都不好受,尤其是在付出了这么多时间和心血之后,但如果我们一直对此耿耿于怀的话,恐怕永远无法从"沉没成本"(见步骤4)的陷阱中挣脱

步骤5　价值重构：提高工作满意度的行动计划

出来。这时候，我们应该做的只有放弃执着于过去的失败，继续向前，采取新的行动。

但是，话虽如此，要想判断自己的职业选择究竟算不算失败，并非易事。

- 对这家公司并没有太大的不满，但眼看着同期的同事一个个离开，心中难免焦虑……
- 虽然很喜欢目前这份工作，但是又担心未来没什么发展前景，不知如何是好……
- 非常讨厌自己的上司，但除此之外倒也没有其他什么问题……

如果所在的公司是家黑心企业，那么自然不用废话，直接走为上策。但许多人的情况并没有这么糟糕，他们只是工作上有点儿不顺心，或者弄不清楚自己的选择是否正确，为此隐隐感到不安罢了。

遇到这类情况时，我们可以试试这样做：

❶ 基于新的评价值判断职场好坏。
❷ 如果确定职业选择"失败了"，就辞职。
❸ 如果意识到并没有那么大的不满，就把资源投入到改善问题上面去。

这很正常，不是吗？重新判断职场的好坏，如果发现实在待不下去了,自然应该考虑辞职;而如果意识到问题并没有那么糟糕的话,这时候就该致力于解决矛盾,这样做才更有效率。

如何判断是否应该留在当前的职场

对于"该不该留在当前的职场"或"选择这家公司是否正确"等问题,如何进行判断呢?

这是一个很大的难题,不过好在组织行为学方面的研究已经开发出了可以提高判断准确度的方法,让我们来看几个最常用的。

1. 修正层次分析法

要想判断某家公司是不是正确的选择,最有效的办法就是利用本书步骤3中介绍的"层次分析法"。

做法很简单,当你进入新的职场后,把此前做过的"层次分析"拿出来,修正一些评价值就可以了。基于你实际开始工作后了解到的新情况,调整第2级评价值的数值。

举个例子,假如你发现新公司的领导比想象中还要令人讨厌,就减小"伙伴"这一项的分值;相反,如果你感到工作上的自主权其实比你前期调查到的更大,就增大"自由"这一项的分值。最后,根据综合评价的前后变化情况,重新判断你对现在这个职场的满意度。

2. 运用"工作满意度量表"

与层次分析法并列的判断方法就是"工作满意度量表"(Job Satisfaction Scale)。这是基于世界各地开展的工作满意度相关研究数据开发的一项测验，可以测量你从当前工作中获得的幸福感。[1]

它的准确性已经得到大量实际验证，可以准确评估几乎任何职业的工作幸福指数。如果你正苦于不知道目前的职场是好是坏，或者不知道现在这份工作能否帮助你提升幸福感，尝试一下这种方法，总归没坏处。

测验由64道问题构成，每道问题1～5分，评分标准如下。

1分 = 完全不符
2分 = 不符
3分 = 不知道
4分 = 符合
5分 = 非常符合

判断职业幸福的64问
1. 薪资待遇是否对得起自己付出的劳动？
2. 每年工资的增幅是否令人满意？
3. 各种津贴的发放是否令人满意？
4. 公司的晋升制度是否公平？

（续）

5. 公司提拔人才是否看重工作绩效？
6. 自己是否也有晋升的机会？
7. 在当前公司成功晋升的人去别的公司是否也能晋升？
8. 上级或主管有没有不公正地对待我？ ★
9. 上级或主管是否不关心下属的感受？ ★
10. 上级或主管是否把开发下属个人能力视为一项重要的工作？
11. 上级或主管做决策时是否从来不跟下属商量？ ★
12. 上级或主管是否会让我参与决策过程，鼓励我发表建议？
13. 我是否不满足于当前公司给我带来的收益？ ★
14. 当前公司给我带来的收益是否跟别的公司一样好？
15. 当前公司给我和同事带来的收益是否处于相同水平？
16. 员工利益受损时，公司或组织向其提供的补偿是否令人满意？
17. 公司提供的设备和办公用品是否令人满意？
18. 公司伙食或公司周边的餐饮环境是否令人满意？
19. 公司是否关心职工健康？
20. 通勤状况是否令人满意？
21. 公司是否会对我在工作中的出色表现给予充分认可？
22. 我是否感受不到公司对我所做工作的感谢？ ★
23. 我是否感受不到自己的努力得到了回报？ ★
24. 公司是否建立了合理的奖励制度？
25. 公司的奖励与评价制度是否公平？
26. 我是否喜爱自己的同事？
27. 我是否因为同事能力不足而不得不承担更多工作？ ★
28. 跟同事在一起的时候是否令人愉快？
29. 公司里是否经常发生争论或争吵？ ★

步骤 5　价值重构：提高工作满意度的行动计划

(续)

30. 我与上级或同事的关系是否协调？	
31. 组织内部的交流情况是否整体良好？	
32. 工作任务的分配是否得不到充分的说明？★	
33. 组织的目标是否不够明确？★	
34. 我是否经常弄不清楚组织里发生了什么事？★	
35. 工作上要做的事情是否太多？★	
36. 公司的规章制度是否经常会妨碍员工有效开展工作？★	
37. 工作环境是否大体上令人满意？	
38. 公司是否会提供必要的工作装备？	
39. 公司是否会遵守法律规定的工作时间和放假安排？	
40. 公司内部的进修或培训活动是否令我更自信？	
41. 公司是否向员工提供了充分的职业培训和辅导？	
42. 公司内部的进修或培训活动是否令我更有工作动力？	
43. 公司内部的进修或培训活动是否提升了我的工作技能水平？	
44. 公司内部的进修或培训活动是否使我跟得上世界的变化？	
45. 公司内部的进修或培训活动是否提升了我的工作满意度？	
46. 公司是否会提供机会让员工提升专业技能水平？	
47. 公司提供的职业发展机会是否令人满意？	
48. 我是否因为工作跟家人或朋友相处的时间更少了？★	
49. 公司能否支持我在工作以外的时间里承担好其他的社会角色？★	
50. 我是否因为工作睡眠不足、饮食不健康、没时间运动？★	
51. 我能否掌握自己经手的工作的最终情况？★	
52. 我是否因为公司给我安排了自己不喜欢的工作而感觉不幸福？★	
53. 我是否因为主管或上级设定了过于严格的任务期限而倍感压力？★	
54. 所有部门是否为了达成组织的目标相互协作？	

（续）

55. 我能否针对自己的工作绩效自由发表建议或评论？
56. 组织内部的交流情况和团队合作是否良好？
57. 我在工作上能否得到同事的充分鼓励和协助？
58. 我能否清楚地理解工作目标的内容和目的？
59. 我能否清楚地说明自己的工作内容和责任？
60. 我的主管或上级是否会积极地将决策权交给下属？
61. 我的主管或上级是否会把关于组织决策的情报采集工作交给下属来做？
62. 关于工作任务的重要决定，我是否拥有自由裁量权？
63. 我能否感受得到公司对我的保护？
64. 公司的雇佣关系是否稳定？

【分数判定】

所有问题评分完毕后，把带★问题的分值反转（5分→1分，4分→2分，3分→3分，2分→4分，1分→5分）。然后，统计总分。

- **64～192分**：你对目前的工作相当不满，建议考虑辞职，或者使用本书下文介绍的"工作重塑法"从根本上改造现有工作环境。

- **193～256分**：你从当前工作中获得的幸福感差强人意，建议先运用"工作重塑法"实践3个月左右，看看情况如何。如果还是不见改善，再考虑辞职也不迟。

- **257～320分**：你对当前工作的满意度高于平均值，基

步骤 5 价值重构：提高工作满意度的行动计划

本称得上是一个优良的职场。工作中遇到不满的情况也不建议立刻考虑辞职，应该先致力于改善现状，这才是明智之举。

以上就是"工作满意度量表"的全部内容，它不仅是一种判断方法，而且可以当作一份用来找出当前所在职场的不足点的检查清单，每道问题对应的评价项目如下所示。

❶ **对工资福利的满意度**：1、2、3、13、14、15、16、17、18、19、20、21、22、23、24、25。

❷ **对工作环境的满意度**：26、27、28、29、35、36、37、38、54、55。

❸ **对职业发展和晋升机会的满意度**：4、5、6、46、47。

❹ **对上级领导的满意度**：8、9、10、60、61。

❺ **对内部交流的满意度**：31、32、58、59。

❻ **对工作生活平衡情况的满意度**：48、49、50、51、52。

❼ **对人才开发的满意度**：41、42、43、44。

❽ **对团队合作和职场和谐的满意度**：56、57、63、64。

为了判断各个项目的满意度，需要算出该项目下所有问题得分的平均值。大致的判断标准是平均值低于3.5分，可判定为满意度偏低；平均值超过4分，表示暂时没什么问题。

是否要基于测验结果决定去留，全凭你自己做主。无论如何，我都建议你定期使用这个方法对自己的工作幸福指数进行自检。

把你的工作改造成最棒的

重塑工作价值

许多人运用"层次分析法"和"工作满意度量表"等方法后发现，自己当前所在的职场其实并没有那么糟糕。有的人只是缺乏工作热情，但并不认为职场本身很差劲；有的人虽然不太喜欢现在的工作，却也没厌恶到要考虑换工作的程度。

这样的情况下，最好的做法就是把精力投入到改善职场环境和挖掘工作价值上面去。当然，你还是可以将辞职列入考虑范围，但就目前来说，运用手头的资源来改善现状才是明智之举。

在这一点上，目前公认最有效的方法就是"工作重塑

步骤 5 价值重构：提高工作满意度的行动计划

法"。这种方法的相关研究开始于 21 世纪初，后经耶鲁大学研究团队的实验验证，它在提高员工工作动力方面确实卓有成效。[2]

工作重塑法的定义较为复杂，用一句话概括：

- **基于自己的价值观重新看待现有工作。**

从看似无聊、无意义的工作当中重新找出它的深刻意义，这是工作重塑法的基本理念。

17 世纪英国建筑师克里斯托弗·雷恩讲述的一段轶事无疑最能体现这种理念。

一天，克里斯托弗来到自己亲手设计的圣保罗大教堂的施工现场视察，他问正在干活的工人们："你们在做什么工作？"

面对提问，第一个男人回答说："我在把石头切割成薄板。"接着，第二个男人回答说："我在挣我的 5 先令 2 便士。"闻言，克里斯托弗点点头，继续问第三个男人同样的问题，结果这个男人的回答跟在场所有人都不同，他说："我在建造美丽的大教堂！"

把建造教堂的工作简单地看作"切石头"或"挣工钱"的话，工人们只会觉得自己不过是一名建筑工，因而很难发挥主观能动性。但是，如果能将思想升华，认识到"自己的劳动是组成大教堂的一部分"，那么每天的工作任务就会变得更有价值，从而激发出自身的"贡献"意识。[3]

近些年来，工作重塑法的效果不断得到研究验证，运用这种方法的确可以大大提升工作价值。

目前准确性最高的研究数据是来自美国圣路易斯大学2017年所做的一项元分析。[4] 研究人员采集了35 670名被试的实验数据，用具体数字展示了工作重塑法对我们工作的影响有多大。

这次研究十分重要，主要结论有以下3点：

- 增加积极行为：$r=0.509$
- 促进对周围的问题采取积极解决的态度：$r=0.543$
- 提高工作上的主观能动性：$r=0.450$

以上数据均为相关系数，就此类研究而言，这些数值已经能充分说明问题了。简单来说，运用工作重塑法有很大可能提高你的工作动力。

从事工作重塑法有关研究的美国著名心理学家简·达顿对此评论道：

> 现代职业喜欢把不同类型的人套进同一个模子里去，人们当然会觉得工作枯燥乏味了。但是，如果能基于自己的价值观重新看待现有工作，任何一种职业都将产生深刻意义。

步骤5　价值重构：提高工作满意度的行动计划

如果你对当前的工作没有太大的不满，只是弄不清楚自己该何去何从的话，工作重塑法绝对值得一试。用新的视角重新审视眼前的工作，从头开始，重构你的职业价值。

实践工作重塑法

接下来我将介绍工作重塑法的具体操作步骤。方法有很多种，这里选取的是基础版本，它的有效性已经得到前文所述的元分析证实。

（1）前期概述

首先分析一下你现有工作的构成。如图5-1所示，请把工作内容分板块写出来。

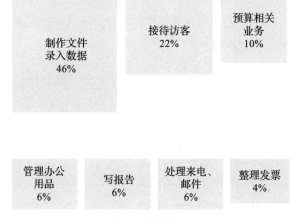

图5-1　前期概述

如果某项工作需要花费较多的时间和精力，就把它的板块画大一点儿；反之，则画小一点儿。所有板块都填写完毕后，把它们各自需要花费的时间和精力的百分比写上去，合计为100%。

日常工作中，几乎没人清楚自己的时间和精力是如何分配的。通过这一步骤，就能使一些问题浮出水面，比如花在重要工作上的时间出人意料地少，或者把太多精力耗费在了某些无关紧要的作业上，等等。因此，这一步对我们把握现状非常重要。

（2）思考前期概述

全部写完后，一边看着写好的"前期概述"，一边思考以下3个问题，把想到的答案整理成一两句话的形式，记录到笔记本上。

①与刚开始从事这份工作时相比，现在对时间和精力的分配是否有所变化？

例："业务内容并没有明显变化，不过相比以前，花在写报告上的时间更多了。"

②看着现在对时间和精力的分配情况，你做何感想？又为什么有此感想？

例："花在制作文件上的时间实在多得离谱，虽然这项工作对整体工作的影响并不大。"

③前期概述里有没有出乎你意料的地方？

例:"原本以为花在接待访客上的时间最多,实际上却不是这样。"

(3)选取动机和偏好

接下来,要选取一些你在工作方面的"动机"和"偏好",它们的主要含义如下所示。

- **动机**:你想通过这份工作实现怎样的价值观?假如此刻的你衣食无忧,不用为任何事情操心,那么还有什么样的情感能驱使你投入工作呢?
- **偏好**:你想在实际工作过程中培养什么样的能力或技能?你希望通过哪些行动实现自己的价值观?

不必过多考虑,把自己凭直觉想到的因素写下来即可。一般来说,人的价值观和偏好很容易随着情况的变化而发生改变,因此你只需要选取你此刻最先想到的事物。

如果暂时没什么想法的话,不妨看看下面列出的清单,选取你觉得合适的因素。最终选取的动机和偏好没有数量限制,但建议各保留三四个。

- **动机**:追求自由、获得成长、追求快乐、获得成就感、追求权力、获得安心感、同周围环境的和谐、坚守传统、提高影响力、修身养性、帮助他人、引导他人、躬行实践、创造新的事物。

- **偏好**：判断力、勤思考、创造性、智慧、专业性、学习能力、耐力、专注力、真诚、活力、宽容、社交能力、品位、幽默感、整理能力。

（4）任务重塑

在"任务重塑"这一步，我们要把日常工作任务对应的"责任范围"稍做调整。

举个例子，如果厨师认为自己的职责是"提供食物"，就把这份职责替换成"做出一道精美菜肴，让他人品味到舌尖的愉悦"；如果公交车司机认为自己的职责是"开车"，就把这份职责替换成"为保障乘客正常生活提供便利的出行服务"。

像这样，重新描述自己心目中的工作概念，赋予它新的理解，这就是任务重塑。

具体来说，就是结合"思考前期概述"，把自己选取的动机和偏好分配到前期概述中的各个板块里去（参照图 5-2）。为了更好理解，你可以想一想哪项工作内容能够发挥某个动机或偏好，或者跟某个动机或偏好有关联。

这一步的重点在于，你要考虑清楚，你想把各个工作板块朝着什么样的方向改变。

以图中内容为例，就"接待访客"这项工作而言，有的人想从与他人的交流中获得快乐，有的人则因为从双方

步骤 5　价值重构：提高工作满意度的行动计划

的交流中学到了新的东西而提升了工作动力。

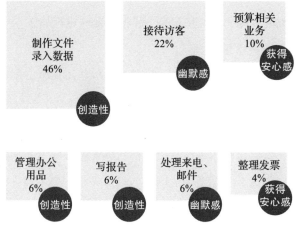

图 5-2　任务重塑

再以"制作文件"为例，有的人可以从"整理信息"这一行为中感受到工作价值，有的人则是希望通过思索新的文件做法来满足自己的创作欲望。一切都取决于你自己的选择，所以请不要在乎别人的看法，好好想清楚自己的需求。

这时候，如果你又想到了其他可以进一步拓展你的动机和偏好的工作内容板块的话，可以把它追加到前期概述里面去。不妨多想一想，除了现有的本职工作外，自己的动机和偏好还可以在哪些事情上发挥作用。

另外，如果你觉察到各个板块的时间精力耗用百分比有误，比如实际耗费在制作文件上的时间更多，那么此时重新调整各个板块的配比数值也为时未晚。想清楚自己理想中的时间精力分配情况是怎样的，随时进行修正。

（5）关系重塑

"关系重塑"指的是重新构建你与公司同事、领导或外部客户的关系。

在一个职场待太久，组织内部的人际关系难免固化。譬如，有些事情本来应该跟外部指导或设计师本人沟通才好的，但因为人际关系的固化，很多人往往想不到这样去做。要想增强组织原有的发展潜力，同时促进自身的成长，你就必须重新审视自己的人际关系。

运用关系重塑法时，请以前期概述里的各个板块为单位，想想处理该项业务时需要跟哪些重点人物打交道，然后参照图5-3，把进一步改善你与对方关系的方法写在各个板块的下方。

如果你暂时想不到合适的人选，可以问自己两个问题：

- 谁对该项业务的影响最大？
- 谁从该项业务中获益最多？

找出重点人物之后，再问问自己："为了进一步改善我跟他的关系，我该如何利用自己的动机和偏好？"然后，把你想到的大致改良方案写下来。

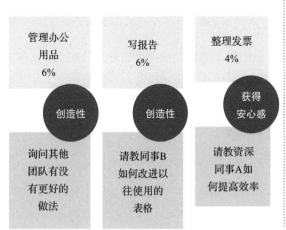

图 5-3　关系重塑和认知重塑

（6）认知重塑

"认知重塑"就是改变你对日常工作整体的心态，用新的视角看待自己的工作，让枯燥乏味的日常工作变得有意义起来。

具体做法参照图 5-3，对前期概述里的各个板块进行分类，设置你的"职责"。

- 这些工作任务是否有助于实现组织或个人的远大目标？
- 是否有助于达成更高级的目标或价值观？

请认真思考这些问题，设置恰当的"职责"。

图中把与文件物品相关的工作任务整合到了一起，设置职责为"夯实基础，确保团队充分运作"；右边则是与人际交流相关的工作任务，设置职责为"优化企业形象"。

不过，板块分类并不固定，基本上只要遵循你自己的喜好即可。举个例子，你也可以把"接待访客"和"写报告"放在一起，设置为一个别的职责，比如"磨炼自己的沟通技巧"。

如果暂时不确定该如何分类，也可以将所有板块整合到一起，设置为一个总职责，比如"提高组织的整体幸福指数"或者"充分发挥自己的技能"等。总之，请根据你的主观感受来选定适当的职责。

步骤 5 价值重构：提高工作满意度的行动计划

（7）行动方案

最后一步要考虑的是如何采取具体行动。请你参照先前几步完成的工作重塑图表，想想哪些行为可能有助于达成你制定的职责，把它写在纸上。

考虑行动方案的时候，不妨填一下表 5-1。它由美国伊利诺伊大学开发，目的是提高员工的工作投入度。要想制订一份提升工作价值的明确行动方案，同时必须考虑在此过程中可能发生的种种意外情况，这张表格无疑可以助你一臂之力。[5]

表 5-1

1：为了把已完成的工作重塑图表里的内容变成现实，我应该采取哪些明确的行动？
1-a：在接下来的一周时间里，我能做的事情有哪些？
想想哪些人可能为我改良数据录入方法提供新的建议，列一份名单。
修改发送给客户的自动回复邮件内容，把语气改动得更亲切些。
使用新的绘图软件制作报告图表。
1-b：在接下来的一个月时间里，我能做的事情有哪些？
整理以前遇到的提问和回答内容，建立常见问题数据库（Q&A）。
把各部门格式各异的销售分析报告统一成相同格式。
调查主要客户的兴趣爱好，列一份清单。
2：为了把已完成的工作重塑图表里的内容变成现实，我可以寻求哪些人的帮助（具体列出三个人）？我应该在什么时候，请他们用什么样的形式帮助我？
下周末拜托资深同事 A 给我的业务改善手册提提意见。
明天向设计师 B 请教如何使用图表绘制软件。
下周之内请企划部的 C 帮忙检查作业流程图。

（续）

3：在把已完成的工作重塑图表里的内容变成现实的过程中，可能会遇到哪些困难或障碍？为了避开这些困难和障碍，我可以采用什么方法？
3-a：所谓的困难或障碍具体是指？
花在改良工作上的时间太多，可能导致制作文件的时间减少。
突然频繁跟其他部门的人来往，可能会使领导对我印象不好。
用新的绘图软件制作报告需要一定预算，但不一定申请得到。
3-b：当出现这些困难或障碍时，采用什么方法可以渡过难关？
提前给花在工作重塑上的时间设置上限。
把工作重塑法教给身边的人，一起实践。
请教其他部门的人，如何不花钱也能达成较接近的目标。

至此，工作重塑法的基本步骤已全部介绍完毕。今后就请你遵照最终制订的行动方案，一步一步重塑自己的日常工作吧。

你制订的行动方案如果能够满足你理想的"职责"，那么用来解决问题就会是有效的。

举个例子，美国心理学家亚当·格兰特主导过一项研究，他首先让某大学客户服务中心的筹资负责人树立起"救助贫困生"的职责意识，然后指示他们做出具体行动——"见见那些领取慈善助学金的贫困生"。[6]结果，坚持这一行动的负责人积极联系爱心捐赠人士，打电话筹款的时间比以往增加了142%，该大学最终获得的收益增长了400%。之所以出现这种现象，正是因为负责人与贫困生的实际接触最终满足了他们设定的"救助贫困生"

的职责。

同样地，你也可以好好想想自己究竟想为组织或社会做些什么、履行什么样的职责，然后制订一套满足这一需求的行动方案。这样做，你的工作价值一定会得到升华。

检测行动方案是否奏效的 21 问

工作重塑法并不是制订好行动方案就万事大吉了，你还需要确认这份行动方案是否真的提升了你的职业幸福感，如果发现不是这样，就要定期进行修正。

这时，"工作重塑量表"就派上用场了，可以用具体数值来衡量你对工作重塑法的运用是否正确。

这份量表的准确性已经过多次验证，2016 年一项以 972 位日本商务人士为对象的调查也明确证实，使用这份量表可以准确判断工作重塑法取得的成效。[7] 为了正确提升你的工作价值，请使用"工作重塑量表"来检测实践效果。

测验由 21 个问题构成，每个问题按 1~5 评分，评分标准见下方。请你想一想，在运用工作重塑法之后，职场上的你发生了什么变化（或者有没有发生变化），然后选择最合适的评分。

工作重塑量表

1. 我会努力提升自己的能力
2. 我会努力增强自己的专业性
3. 我会努力从工作中学习新东西
4. 我时刻注意最大限度地发挥自己的能力
5. 工作怎么做，由我自己决定
6. 我尽量不在工作中过度消耗自己的心理能量
7. 我时刻注意不在工作上感情用事
8. 我在工作上尽量远离那些会影响我心情的人
9. 我会调整自己的工作，以远离那些对我提出不现实要求的人
10. 我会调整自己的工作，以避免出现需要做大量困难决定的情况
11. 我会调整自己的工作，以避免出现需要长时间专注的情况
12. 我会请上级指导我
13. 我会询问上级对我的工作是否满意
14. 我会向上级寻求能够激励我的工作机会
15. 我会请别人评价我的工作成果
16. 我会向同事寻求建议
17. 我会积极争取参与那些看起来有意思的企划项目
18. 如果工作上有新的进展，我会尽快研究和尝试
19. 工作上没什么事情要做的时候，我会把这当作开始新项目的机会
20. 即使没有额外的物质报酬，我也会率先完成本分之外的工作
21. 我会认真思考本职工作的各个侧面之间的联系，使自己的工作更具挑战价值

1 分 = 完全不符

2 分 = 不符

步骤 5　价值重构：提高工作满意度的行动计划

3 分 = 一般

4 分 = 符合

5 分 = 非常符合

【分数判定】

评分完毕后，把所有问题划分成以下 4 个板块，合计各个板块的总分，然后算出各自的平均分。

- 1～5 题
- 6～10 题
- 12～16 题
- 17～21 题

至此，评分结束。各个问题板块反映的是如下几个要点。

- 1～5 题：增加工作上的结构性资源——"我是否会努力提高自身能力，有意识地在工作中发挥自身技能？"

- 6～10 题：减少有害的工作负荷——"我是否会控制自己的消极情绪，远离造成这种情绪的人？"

- 12～16 题：积累工作上的人脉资源——"我是否跟领导和同事建立起了良好的职场关系？"

- 17～21 题：增加有挑战性的工作负荷——"我能否积极处理具备一定难度的工作？"

请参考以上要点进行分析，比如"现在这份工作之所以那么无聊，是因为缺少哪个要素？""要想使工作变得有意思起来，需要改善哪个要素？"如果发现了有待改进之处，就再次运用工作重塑法，针对这些弱点制订行之有效的行动方案。

值得一提的是，日本地区的"工作重塑量表"测试结果的平均分大致如下所示。

- 1～5题：2.8分
- 6～10题：2.1分
- 12～16题：1.8分
- 17～21题：2.1分

如果超过了这些分值，说明目前你的工作积极性高于平均值。

是要进一步增强优点，还是要改进不足之处，全取决于你自己的判断。无论如何，希望你能每过1～3个月就用"工作重塑量表"自检一次。

注意工作重塑法的两项不足

世上没有任何一种方法或技巧是无懈可击的。虽然工作重塑法对于激发工作热情来说是最佳法宝，但它也存在一定的不足之处。在运用工作重塑法的过程中，请务必注意以下两点。

步骤 5　价值重构：提高工作满意度的行动计划

1. 不要有过强的工作热情和目的性

增强工作热情和目标意识是工作重塑法的核心所在，但如果做得过了火，有时也会引发问题。

其中最容易出现的问题，往往是因为太沉迷于重塑工作任务，而不知不觉给自己制订了过于繁重的行动方案。尽管唤醒工作热情和目标意识是件好事，但也有很多人因此承受了更大的工作压力，最终落得个"职业过劳"的结果。

越是对工作尽心尽力的人越容易变得心力交瘁，工业心理学等领域对此早就有所共识。职业过劳的现象可能发生在任何人身上，但其中发病率最高的，是那些怀着强烈的目标意识投身于工作的人。

一项以 3715 名职场人士为对象的研究表明，树立远大目标的高管、医生、教师等人群在工作伊始的幸福感的确很高，但随着工作年限增长，压力激增，更容易变得焦虑、易怒。

心理学家戴维·怀特赛德指出："感受到自己跟工作之间的联系显然是有益的，但与此同时，这也更容易导致慢性的职业过劳。"对待工作过分热情会使人在日常工作中承担更重的任务，最终破坏工作与生活的平衡。

根据世界卫生组织的定义，职业过劳主要具备以下 3 大特征：

❶ 工作动力不增反降

❷ 对自己的工作持怀疑、否定态度

❸ 工作效率明显降低

如果发现自己在运用工作重塑法后出现了类似征兆，请立刻重新评估你的行动方案。

2. 警惕"榨取剩余价值"

相信很多人都听过"榨取剩余价值"这个词，它是指企业利用员工工作热情高这一点，肆意使唤员工，让他们拿着微薄的薪水替公司卖命工作。

榨取剩余价值的现象在世界各地都存在。美国俄克拉荷马州立大学的一项元分析结果表明，越是勤恳工作的员工，越容易遭受压榨，比如被迫长时间工作，却几乎拿不到工资，公司还会把跟本职业务无关的清洁工作强加在他们身上。[8]

产生这种现象的原因很简单，即人们受内心深处的认知偏差的影响，会下意识地认为"有热情的人被剥削也没关系"。上文提到的元分析中的研究人员采访了多位被试后，发现他们的回答当中隐含着如下倾向。

◉ **许多人都认为，像艺术家或社会工作者这类满怀激情的人，即使在恶劣的环境下工作也很正常，因为他们的工作积极性很高，并不觉得苦。**

步骤 5 价值重构：提高工作满意度的行动计划

◉ **即便有的人并非出于热情而是迫于无奈才在恶劣的环境下工作，人们也还是认为，这些人不愿意离开，肯定是因为有强大的动力支撑。**

总而言之，大部分人都会受认知偏差的影响，认为努力工作的人被剥削也很正常，哪怕实际上这个人是受到了黑心企业的迫害，人们也还是会觉得他自己就喜欢这么做。

在工作重塑的过程中，同样避免不了这样的问题。一项针对157家动物园所做的调查发现，一部分在日常工作中试图努力提升工作价值的员工更容易出现"工资比同事低、被安排额外工作"的情况。[9] 换句话说，他们通过工作重塑法提升的热情反而遭到了企业的恶意利用。

正如我们在步骤2和步骤3强调的那样，组织内部存在很多不公平现象是降低你的工作幸福感的一大要素。因此，如果你所在的企业里存在过多不公平的问题，绝对不要想着用工作重塑法帮助你留在那里做出成绩！

(步骤 5　价值重构)

如果不确定自己的工作有没有选对，
就测量一下你对现状的满意度，
必要时调整你的工作价值观。

衡量工作满意度的两种方法

1 修正层次分析法

2 运用"工作满意度量表"

提高工作满意度的行动计划

1 前期概述

2 思考前期概述

3 选取动机和偏好

4 任务重塑

5 关系重塑

6 认知重塑

7 行动方案
　　→实践后，用"工作重塑量表"检验效果

后记

本书的内容由连续的 5 个步骤组成，书中介绍的技巧和方法也颇多，不少读者在实际运用过程中，难免感到迷茫，不知从何下手。

因此，我在本书的最后对 AWAKE 法的要点简单做一个总结。如果在实践过程中感到困惑，不知道自己在做什么，弄不清楚应该优先运用哪种方法，或是碰到其他问题，请你参看下文的章节概要，认真地想一想。

步骤 1　走出幻想（access the truth）

在这一章介绍的"7 种错误"中，列举了我们在职业选择上容易陷入的"思维陷阱"。人们很难彻底摆脱这些思维陷阱，就算一时脱离出来了，往后也还是很容易一不小心就做出错误选择，例如根据个人喜好或轻松与否选工作。每当这时候，一定要记得重温"职业选择上的 7 种错误"。

步骤 2　开拓未来（widen your future）

在这一章介绍的方法当中，"8 个问题"是帮助你开拓未来的"最强助推器"。要在准确掌握了"7 个关键词"

的内容后，再将"8个问题"运用到实践当中去。

不过，如果你在这一步还看不清求职的大方向，建议你利用"关键词"对未来进行大致的规划。

步骤 3　扫除弊病（avoid evil）

这一章介绍了"最强的分析工具"——层次分析法。如果你暂时不必考虑得如此认真，可以试试用"矩阵分析法"对现有决策候选项进行初筛。当然，这时候也别忘记把职场中的 8 种弊病的因素考虑进去。

步骤 4　明心见性（keep human bias out）

如果你真的想解决认知偏差问题的话，建议你试试"第三人称决策笔记"的方法。它可以有效帮助你从客观角度审视自己的决策，对于打算换工作的人来说，是非常好用的基本工具。

仅次于"第三人称决策笔记"的是"360 度反馈法"和"事前验尸"，建议你以这两种方法为中心，同时根据个人偏好尝试运用"10/10/10 测试"和"脑补"好朋友的方法辅助判断。

步骤 5　价值重构（engage in your work）

最后，你可以每隔三个月左右定期进行"工作满意度"检测，找机会重新审视自己的工作。根据检测结果，随时进行"工作重塑"，调整你的工作价值取向。

以上就是 AWAKE 法的全部要点。实践完所有步骤，你一定可以切实增强自己的决策能力，大大提高选对合适职业的概率。最终，人生的幸福指数也会随之上涨。

不过，有一点希望各位读者谨记——即便你完美地执行了 AWAKE 法的所有步骤，也无法完全抹除职业焦虑，它必然会在未来的某个时刻"死灰复燃"。尽管利用 AWAKE 法的确可以提高人生的决策成功率，不过职业选择毕竟没有绝对的正确答案。就连专家对未来做出预测的准确度也并没有很高，这一点已经在步骤 1 介绍过了。不管运用多么细致的职业规划分析方法，不管借助多么优秀的决策工具，还是不可避免地会遇到失败和挫折。

很遗憾，世上没有什么灵丹妙药可以彻底解决这个问题，但就目前来说，"工作漂流"应该是一种最具指导意义的方法。"工作漂流"是日本神户大学研究生院教授金井寿宏提出的一个概念，[1] 它包括以下几个要点：

❶ 人生中充满了不可预知的意外，你很难奢望事态按照事前制订的计划发展。

❷ 因此，对于自己的职业规划，与其提前决定好一切细节，不如只确定一个大致方向。

❸ 决定大方向后，接下来只要灵活应对人生中发生的各种意外情况，积累工作经验即可。

也就是说，既然人生是不可预测的，与其试图把一切置于自己的掌控之下，不如先明确一个大致的方向，然后顺其自然，这才是最好的做法。

即使不借助数据支撑，这种思想的正确性也是显而易见的。

如果现在还是终身雇用制和年功序列制㊀的时代也就罢了，可是在现代，随着AI技术的发展，市场每隔几年就要发生一次大的转变。因此，花再多心血去制订职业规划，也不可能完全管用。

不仅如此，每次情况发生改变，你都难免会对职业规划的准确性产生怀疑，而这必然会不断加剧你的职业焦虑。既然如此，对于一些任何人都无能为力的事情，可以顺其自然。

事实上，根据美国斯坦福大学名誉教授约翰·克伦博尔兹等人的推断，职业选择的80%都取决于意外事件。[2]也就是说，按照原定计划求职成功的案例只占全体的2成，其余的8成会受到意外情况的影响，如与某人意想不到的会面或某个突发事件。这个比例在不同国家或不同时代也许有所变动，但在现代社会，谁也难以预见未来的发展，"偶然"因素无疑变得愈发重要。

㊀ 年功序列为日本的一种企业文化，以年资和职位论资排辈，确定标准化的薪水。通常搭配终身雇用的观念，鼓励员工在同一公司累积年资到退休。——译者注

后记

所谓"人生的漂流",总结起来就是这样两件事:

❶ 当迎来人生的节点时,运用 AWAKE 法进行决策。
❷ 除此之外的时间里,只管顺其自然,专注于日常事务。

这里所说的"节点",包括就业、换工作、结婚、生病、生孩子等必须改变以往生活方式、调整人生目标的时间点。在这样的重要节点,我们应该运用 AWAKE 法提高决策的准确性;而当做出了某个选择之后,剩下的就顺其自然,放松享受每个新鲜的日子吧。比起每天为"自己真正想做的工作是什么""最适合自己的工作是什么"这些问题伤脑筋,不如在一定程度上顺其自然,随遇而安。这样做,每天都能切实地过得幸福。

既不毫无规划、毫无节制地一味享受,也不痴妄追求完美职业的幻影,凡遇到抉择,必深思熟虑,而一旦做出了选择,剩下的就顺其自然。这就叫作"尽人事,听天命"。

在今后的人生中,假如某一天,你的心头又掠过一丝关于职业选择的不安,请一定要坚持实践 AWAKE 法。如果它能使你每天过得稍微轻松些,那真是最好不过了,而如果它让你避免了更多"人生的后悔",那更是天大的喜事。

各位读者,愿你们幸福。

注释

引言

1. Karl Pillemer (2012) 30 Lessons for Living: Tried and True Advice from the Wisest Americans.
2. Groysberg, Boris, and Robin Abrahams. (2010) Five Ways to Bungle a Job Change.
3. Paul C. Nutt (1993) The Identification of Solution Ideas During Organizational Decision.

步骤 1

1. Patricia Chen, Phoebe C. Ellsworth, Norbert Schwarz(2015) Finding a Fit or Developing It: Implicit Theories About Achieving Passion for Work.
2. Kira Schabram and Sally Maitlis(2016) Negotiating the Challenges of a Calling: Emotion and Enacted Sensemaking in Animal Shelter Work.
3. Michael M. Gielnik, Matthias Spitzmuller, Antje Schmitt, D. Katharina Klemann and Michael Frese(2014) "I Put in Effort, Therefore I Am Passionate": Investigating the Path from Effort to Passion in Entrepreneurship.
4. Cal Newport(2016) So Good They Can't Ignore You.
5. Patricia Chen, Phoebe C. Ellsworth, Norbert Schwarz (2015) Finding a Fit or Developing It: Implicit Theories About Achieving

Passion for Work.
6. Timothy A.JudgeaRonald F.PiccolobNathan P.PodsakoffcJohn C.ShawdBruce L.Riche(2010)The relationship between pay and job satisfaction: A meta-analysis of the literature.
7. William Fleeson(2004)Moving Personality Beyond the Person-Situation Debate: The Challenge and the Opportunity of Within-Person Variability.
8. Richard J. Ball and Kateryna Chernova (2005) Absolute income, relative income, and happiness.
9. 内閣府（2019）「満足度・生活の質に関する調査」に関する第1次報告書.
10. Daniel W. Sacks, Betsey Stevenson, Justin Wolfers(2010)Subjective Well-Being, Income, Economic Development and Growth.
11. Patric Diriwaechtera, Elena Shvartsman(2018) The anticipation and adaptation effects of intra- and interpersonal wage changes on job satisfaction.
12. Christopher J Boyce, Gordon D A Brown, Simon Christopher Moore(2010)Money and Happiness: Rank of Income, Not Income, Affects Life Satisfaction.
13. Philip E. Tetlock(2005)Expert Political Judgment: How Good Is It? How Can We Know?
14. Jordi Quoidbach, Daniel T. Gilbert, Timothy D. Wilson (2013) The End of History Illusion.
15. Alba Fishta, Eva-Maria Backé(2015)Psychosocial stress at work and cardiovascular diseases: an overview of systematic reviews.
16. Jane Ferrie, Martin J Shipley, George Davey Smith, Stephen A Stansfeld(2002)Health Inequalities among British civil servants: the Whitehall II study.

17. Jennifer Kavanagh(2005)Stress and Performance A Review of the Literature and Its Applicability to the Military.
18. David Pittenger(2005)Cautionary Comments Regarding the Myers-Brigg Type Inventory.
19. William L. Gardner, M. J. Martinko(1996)Using the Myers-Briggs Type Indicator to Study Managers: A Literature Review and Research Agenda.
20. Van Iddekinge CH et al.(2011)Are you interested? A meta-analysis of relations between vocational interests and employee performance and turnover.
21. Bruce Burns (2004). The effects of speed on skilled chess performance.
22. Nicole L.Wood, Scott Highhouse(2014)Do self-reported decision styles relate with others' impressions of decision quality?
23. Radford,M.H.B.,Mann,L., 太田保之、中根允文（1989）個人の意志決定行為と人格特性（第1報）.
24. Frank L. Schmidt(2016)The Validity and Utility of Selection Methods in Personnel Psychology: Practical and Theoretical Implications of 100 Years of Research Findings.
25. Christopher Peterson, John Paul Stephens, Fiona Lee, Martin E P Seligman(2009)Strengths of Character and Work.

步骤2

1. Stephen E. Humphrey, Jennifer D. Nahrgang and Frederick P. Morgeson(2007)Integrating Motivational, Social, and Contextual Work Design Features: A Meta-Analytic Summary and Theoretical Extension of the Work Design Literature.
2. MG Marmot, H Bosma, H Hemingway, E Brunner, S Stansfeld (1997)Contribution of job control and other risk factors to social

variations in coronary heart disease incidence.
3. Daniel Wheatley(2017)Autonomy in Paid Work and Employee Subjective Well-Being.
4. Amabile, T., Kramer, S. (2011) The Power of Small Wins.
5. Ran Kivetz, Oleg Urminsky, Yuhuang Zheng(2006)The Goal-Gradient Hypothesis Resurrected: Purchase Acceleration, Illusionary Goal Progress, and Customer Retention.
6. Heidi Grant Halvorson, E. Tory Higgins(2014)Focus: Use Different Ways of Seeing the World for Success and Influence.
7. Heidi Grant Halvorson(2013)Do You Play to Win—or to Not Lose?
8. Klodiana Lanaj et al.(2012)Regulatory focus and work-related outcomes: a review and meta-analysis.
9. 三ツ村美沙子、高木浩人（2012）職務特性と制御焦点が学生アルバイトのワーク・モチベーションに及ぼす影響．
10. 尾崎由佳・唐沢かおり（2011）自己に対する評価と接近回避志向の関係系——制御焦点理論に基づく検討——心理学研究，82(5), 450-458.
11. Joel Goh, Jeffrey Pfeffer, Stefanos A. Zenios(2015)The Relationship Between Workplace Stressors and Mortality and Health Costs in the United States.
12. Ashley E. Nixon, Joseph J. Mazzola, Jeremy Bauer, Jeremy R. Krueger, Paul E. Spector (2011)Can work make you sick? A meta-analysis of the relationships between job stressors and physical symptoms.
13. Brickman, Philip, Dan Coates, and Ronnie Janoff-Bulman. (1978)Lottery winners and accident victims: Is happiness relative?
14. Fried, Yitzhak Ferris, Gerald R.(1987)The validity of the Job

Characteristics Model: A review and meta-analysis.
15. Tom Rath(2004)Vital Friends: The People You Can't Afford to Live Without.
16. Humphrey SE, Nahrgang JD, Morgeson FP.(2007)Integrating motivational, social, and contextual work design features: a meta-analytic summary and theoretical extension of the work design literature.
17. André Nyberg, Lars Alfredsson, Mika Kivimäki(2009)Managerial leadership and ischaemic heart disease among employees: the Swedish WOLF study.
18. Michael Housman, Dylan Minor (2015)Toxic Workers.
19. Toni Alterman et al.(2019)Trust in the Work Environment and Cardiovascular Disease Risk: Findings from the Gallup-Sharecare Well-Being Index.
20. Tom W. Smith(2007)Job Satisfaction in the United States.
21. Peggy A. Thoits, Lyndi N. Hewitt(2001)Volunteer work and well-being.
22. Stephen E. Humphrey, Jennifer D. Nahrgang and Frederick P. Morgeson(2007)Integrating Motivational, Social, and Contextual Work Design Features: A Meta-Analytic Summary and Theoretical Extension of the Work Design Literature.
23. Nelson, S. K., Layous, K., Cole, S. W., Lyubomirsky, S.(2016) Do unto others or treat yourself? The effects of prosocial and selffocused behavior on psychological flourishing.

步骤3

1. John M. Gottman, James Coan, Sybil Carrere, Catherine Swanson (1998)Predicting Marital Happiness and Stability from Newlywed Interactions.

2. Arménio Rego, Filipa Sousa, Carla Marques, Miguel Pina e Cunha(2011)Optimism predicting employees' creativity: The mediating role of positive affect and the positivity ratio.
3. Joel Goh, Jeffrey Pfeffer, Stefanos A. Zenios(2015)The Relationship Between Workplace Stressors and Mortality and Health Costs in the United States.
4. Guadi M, Marcheselli L, Balduzzi S, Magnani D, Di Lorenzo R(2016)The impact of shift work on the psychological and physical health of nurses in a general hospital: a comparison between rotating night shifts and day shifts.
5. Jean-Claude Marquie et al.(2013)Chronic effects of shift work on cognition: Findings from the VISAT longitudinal study.
6. Bruno S. Frey(2004)Stress That Doesn't Pay: The Commuting Paradox.
7. Brian Mckenzie, Meranie Rapino(2011)Commuting in the United States: 2009 American Community Survey Reports.
8. Thomas James Christian(2009)Opportunity Costs Surrounding Exercise and Dietary Behaviors: Quantifying Trade-offs Between Commuting Time and Health-Related Activities.
9. Mika Kivimäki et al.(2014)Long working hours, socioeconomic status, and the risk of incident type2 diabetes: a meta-analysis of published and unpublished data from 222 120 individuals.
10. Marianna Virtanen et al.(2011)Long working hours and symptoms of anxiety and depression: a 5-year follow-up of the Whitehall II study.
11. Ariane G. Wepfer et al.(2017)Work-Life Boundaries and Well-Being: Does Work-to-Life Integration Impair Well-Being through Lack of Recovery?
12. Mark Cropley et al.(2017)The Association between Work-Related

Rumination and Heart Rate Variability: A Field Study.
13. Alex J. Wood Vili Lehdonvirta Mark Graham(2018)Workers of the Internet unite? Online freelancer organisation among remote gig economy workers in six Asian and African countries.
14. James A. Evans, Gideon Kunda and Stephen R. Barley(2004) Beach Time, Bridge Time, and Billable Hours: The Temporal Structure of Technical Contracting.
15. Benedicte Apouey et al.(2019)The Effects of Self and Temporary Employment on Mental Health: The Role of the Gig Economy in the UK.
16. Cheryl Carleton, Mary Kelly(2018)Alternative Work Arrangements and Job Satisfaction.
17. Julianne Holt-Lunstad,Timothy B. Smith,J. Bradley Layton(2010) Social Relationships and Mortality Risk: A Meta-analytic Review.
18. Boris Groysberg, Robin Abrahams(2010)Five Ways to Bungle a Job Change.
19. Jian-Bo Yang, Dong-Ling Xu(2002)On the evidential reasoning algorithm for multiple attribute decision analysis under uncertainty.
20. Thomas L.Saaty (2001). Fundamentals of Decision Making and Priority Theory.

步骤4

1. Dan Lovallo, Olivier Sibony(2010)The case for behavioral strategy.
2. ダニエル・カーネマン（2012）ファスト&スロー.
3. Suzy Welch(2009)10-10-10: A Life-Transforming Idea.
4. Chernyak, N., Leech, K. A., & Rowe, M. L.(2017)Training preschoolers' prospective abilities through conversation about the extended self.

5. Mitchell, D. J., Russo, J. E., & Pennington, N. (1989)Back to the future: Temporal perspective in the explanation of events.
6. Igor Grossmann, Anna Dorfman, Harrison Oakes, Henri C. Santos, Kathleen D. Vohs(2019)Training for Wisdom: The Illeist Diary Method.
7. oshua J. Jackson, James J. Connolly, S. Mason Garrison(2015) Your Friends Know How Long You Will Live: A 75-Year Study of Peer-Rated Personality Traits.
8. Bernard M. Bass, Francis J. Yammarino(2008)Congruence of Self and Others' Leadership Ratings of Naval Officers for Understanding Successful Performance.
9. Nicholas O. Rule, Nalini Ambady(2008)The Face of Success: Inferences from Chief Executive Officers' Appearance Predict Company Profits.
10. Chris Tilly(2018)Down and Out in the New Economy: How People Find (or Don't Find) Work Today.
11. Korn Ferry(2004)Patterns of rater accuracy in 360-degree feedback.
12. Igor Grossmann, Ethan Kross(2014)Exploring Solomon's Paradox: Self-Distancing Eliminates the Self-Other Asymmetry.
13. Susan J. Ashford, Anne S. Tsui(2010)Self-Regulation for Managerial Effectiveness: The Role of Active Feedback Seeking.

步骤5

1. T S Nanjundeswaraswamy(2019)Development and validation of job satisfaction scale for different sectors.
2. Luigi Brocca(2019)Job Crafting, Work Engagement & Job Satisfaction: Un modello di mediazione delle nuove sfide al lavoro.

3. Library of Congress (1989)Respectfully Quoted: A Dictionary of Quotations.
4. Cort W.Rudolph et al.(2017)Job crafting: A meta-analysis of relationships with individual differences, job characteristics, and work outcomes.
5. Meredith Myers et al.(2019)Job Crafting ™ Booklet.
6. Adam M.Grant et al.(2007)Impact and the art of motivation maintenance: The effects of contact with beneficiaries on persistence behavior.
7. Hisashi Eguchi, Akihito Shimazu, Arnold B. Bakker, Maria Tims, Kimika Kamiyama, Yujiro Hara, Katsuyuki Namba, Akiomi Inoue, Masakatsu Ono, Norito Kawakami(2016)Validation of the Japanese version of the job crafting scale.
8. Jae Yun Kim, Troy H. Campbell, Steven Shepherd, Aaron C. Kay(2019)Understanding contemporary forms of exploitation: Attributions of passion serve to legitimize the poor treatment of workers.
9. J. Stuart Bunderson, Jeffery A. Thompson(2009)The Call of the Wild: Zookeepers, Callings, and the Double-edged Sword of Deeply Meaningful Work.

后记

1. 金井壽宏（2002）働くひとのためのキャリア・デザイン．
2. ジョン・クランボルツ（2005）その幸運は偶然ではないんです！